THE ROMAN CATHOLIC CHURCH

Three Lectures given by

Rudolf Steiner

LA IGLESIA CATÓLICA ROMANA

Tres conferencias dictadas por

Rudolf Steiner

Translation from German: unknown
Traducción del inglés: María Teresa Gutiérrez

2024
ANTHROPOSOPHICAL PUBLICATIONS
FREMONT, MICHIGAN USA

THE ROMAN CATHOLIC CHURCH
Copyright © 2024
by Anthroposophical Publications.

All rights reserved. No part of this book may be reproduced in any form or by any electronic or mechanical means including information storage and retrieval systems, without permission in writing from the author. The only exception is by a reviewer, who may quote short excerpts in a review.

Three lectures for the members of the Anthroposophical Society given by Rudolf Steiner in May and June 1920 at Dornach, Switzerland. From the collected work, *Means for Healing the Social Organism*, Bibliography No. 198. The translator for the English edition is unknown.

Spanish Translation by,
María Teresa Gutiérrez

Cover design, and editing by,
James D. Stewart

Visit the website at https://www.elib.com/

Printed in the United States of America

First Printing: Aug 2024

Anthroposophical Publications
Fremont, Michigan USA

https://AnthroposophicalPublications.org/

ISBN-13: 978-1-948302-68-5 paperback
978-1-948302-69-2 eBook

Table of Contents

The Roman Catholic Church 1
    Lecture I 1
    Lecture II 23
    Lecture III 41
La Iglesia Católica Romana 65
    Conferencia I 65
    Conferencia II 89
    Conferencia III 107
On-line Activities 131
About the Lecturer 133
About the Translator 135

The Roman Catholic Church

Three Lectures for members of the Anthroposophical Society

by Rudolf Steiner

Lecture I

Dornach, May 30, 1920

My Dear Friends,

To carry our spiritual understanding of things farther, we shall need more and more to turn our attention to certain historical facts. During the last decades our members have led a pleasant life, devoted entirely to the acquisition of knowledge from the lectures and discussions which have been held in different places. Nevertheless, this has formed an impenetrable wall, over which in many cases there has been a great reluctance to look out at what was happening in the outside world. But, if we want to see what is happening in the world in the right light, if we do not wish to found a sect but an historical movement — something which no other movement than ours can be — then we need to know the historical background for what is all around us in the world. And the way in which we ourselves are treated, particularly here in this place, where we have never done anything in the slightest degree aggressive, makes it doubly necessary for us really to look over the wall and to understand something of what is going on in the world. Therefore, I should like to combine what I have to say in the next few days with some historical comments, in order to draw attention to certain facts, without a knowledge of which we shall probably not now be able to get any further.

Today I want first of all to point out one thing. You know that about the beginning of the last third of the Nineteenth Century something found a foothold in the various civilized states of Europe and America, which was known as a realistic conception of life, a conception of life which was in essentials based on the achievements of the Nineteenth Century and on those which had prepared the way for that century. At the beginning of the last third of the Nineteenth Century people everywhere spoke in quite a different way, their underlying tone was different from what it became in the later decades, and still more in the decades of the Twentieth Century. The forms of thought which dominated wide circles became during this time essentially different. Today I will only mention one example. At the beginning of the last third of the Nineteenth Century the belief prevailed among educated people that the human being ought to form his own convictions out of his own inner self, about the most important affairs of life; and that even if, helped by the discoveries of science, he does so, a common social life is, nevertheless, possible in the civilized world. There was, so to say, a kind of dogma, but a dogma freely recognized in the widest circles, that, among people who had reached a certain degree of culture, freedom of conscience was

Lecture I

possible. It is true that in the decades that followed no one had the courage to attack this dogma openly; but there was more or less unconscious opposition to it. And at the present time, after the great world catastrophe [the First World War], straightaway this dogma is something which in the widest circles is being repressed, is being nullified, though, of course, that fact is more or less disguised. In the sixties of the Nineteenth Century the belief prevailed in the widest circles that the human being must have a certain freedom as regards everything connected with his religion. The emergence of this belief was noted in certain quarters, and I have already pointed out how on the 8th of December 1864, Rome launched an attack against it. I have often told you how this whole movement was handled by Rome, how in the

Papal Encyclical of 1864
https://www.papalencyclicals.net/Pius09/p9quanta.htm,

which appeared at the same time as the

Syllabus
https://www.ccel.org/ccel/schaff/creeds1.vi.ix.html),

it is expressly said: "The view that freedom of conscience and of religion is given to each human being as his own right is a folly and a delusion."

At the time when Europe was experiencing the high tide, a provisional high tide, of this conception of freedom of conscience and of religious worship, Rome made an official pronouncement that it was a delusion.

I only want to put this before you as an historic fact; and in so doing I want to call your attention to what took place at a time when, for a large number of people, this question had arisen and called for a response from out the very springs of human conscience — the question: "How do we as human beings make progress in our religious life?" This question, posed in deep earnestness and really in such a way as to show that consciences were involved, was a significant question of the time. I should just like to read you something which illustrates how the cultured people of the day were deeply preoccupied with it.

There are in existence speeches of Rumelin whom I mentioned recently in connection with Julius Robert Mayer and the Law of Conservation of Energy. There exist speeches of Rumelin made in the year 1875, thus in this very period of which I am now speaking. In them he analyzed the difficulties humanity experiences in this very matter of the further study of religious questions. He also points out how necessary it is to follow these difficulties with clear insight. Anyone with intimate knowledge of this period knows that the following words of Rumelin expressed the conviction of many hundreds of people. Of course, we do not need to advocate the peculiar form of science which arose at that time; insofar as we are Anthroposophists we are equipped to develop those scientific tendencies further, with a clear perception of their relative errors; and we are also equipped for recognizing that if science remains stationary at that standpoint, we can get absolutely no farther with it. In the widest circles judgments arose on many points to do with religion, and we should recall these judgments today. The thoughts of thousands of people at that time were expressed by Rumelin in 1875 in the following words:

"There has indeed at all times been a line of demarcation between knowledge and belief, but never has there been such an impassable abyss between them as that constituted today by the concept of miracle. Science has grown so strong in its own development, so consistent in its various branches and trends, that it flatly and without further ado points the door to the miracle in every shape and form. It recognizes only the miracle of all miracles, that a world exists and just this world. But within the cosmos it rejects absolutely any claim that interruption of its order and of its laws is something conceivable or in any way more desirable than their immutable validity. For to all the natural-historical and philosophical sciences the miracle with all its implications is nonsense, a direct outrage on all reason and on the most elementary bases of human knowledge. Science and miracle are as contradictory as reason and unreason."

When, about the turning point of the Nineteenth and Twentieth Centuries, I began to speak in public lectures on certain anthroposophical questions, a last echo of the mood I have just described still existed. I do not know whether there are many here who followed these first lectures of mine, but in many of them I drew attention to the problems of repeated earth lives and of the destiny of human beings as they pass through one life after another. Now in dealing with these problems you will find that I always pointed out right at the end of the lecture that if one believes in the old Aristotelian idea that every time a person is born a new soul is created that has to be implanted into the human embryo, a miracle is thereby ordained for every single life. The concept of miracle can only be overcome in a sense that is justified if one accepts reincarnation, whereby each single life can be linked up with the previous life on earth without any miracle. I still remember well that I concluded one of my Berlin lectures with these words: "We are going to overcome in the right way that most important thing, the concept of miracle."

Since then, of course, things have changed throughout the civilized world. That is primarily a historical fact, my dear friends, but it comprises something which is of the utmost interest to us. That is, that in the measure in which man loses the capacity to see the spiritual in the world, to explain the world of nature around him by the spirit, in that same measure must he place a special world side by side with nature and the ordinary world, which has as its content the world of miracle. The more natural science takes its stand on mere causality, the more the life of human feeling is driven, by a quite natural reaction, to accept the concept of miracle. The more natural science continues along its present lines, the more numerous will be those who seek refuge in a religion which includes miracles. That is why today so many people embrace Catholicism, because they simply cannot bear the natural-scientific conception of the world.

Take that sentence which I have just read and compare it with what has been said in recent lectures here, and you will at once see what is in question. In this exposition of Rumelin occurs this sentence: "It recognizes only the miracle of all miracles, that a world exists, and just this world. But it rejects absolutely any claim that within the cosmos interruption of its order and of its laws is conceivable or in any way more desirable than their immutable validity." Thus, one thinks of the primeval miracle, that the cosmos has come into being at all, but then, within this cosmos, one studies the Laws of Indestructibility of Matter and Conservation of Energy, and then everything rolls on with a certain necessity, so to say, fatalistically.

That conception of the world is untenable, but it can only be overcome through the knowledge which I ventured to put before you last week, when I showed you that the Laws of Indestructibility of Matter and Conservation of Energy constitute an error, and that error is what above all has to be vigorously combated in our time. We have to do not merely with a continuous conservation of the universe, but with its continual destruction and coming into fresh existence. And if we do not establish in the cosmos the idea of a continual arising and passing away, we are obliged because we are human to affirm a special world side by side with the cosmos, a world which has nothing to do with the laws of nature that we demonstrate so one-sidedly, and which must include miracle. That unjustified concept of miracle will only be overcome in the measure in which we understand that everything in the world stands in a spiritual ordering in which we no longer have to do with an iron necessity of nature but with a cosmic guidance full of wisdom. The more we keep our gaze fixed upon the spiritual world as such and upon what we acquire through spiritual science, the more do we realize that what natural science puts before us today needs to be permeated by spiritual knowledge. It must therefore become our task to direct our attention more and more upon every science and upon all branches of life in such a way that they become permeated by what only spiritual science has to say. Medicine, jurisprudence and sociology must all be permeated by what can be known and seen through spiritual science. Spiritual science does not need any organization similar to that of the old churches, for it appeals to each single individual; and each single individual, out of his own inner conscience, through his own healthy understanding, can substantiate the results of spiritual-scientific investigation, and can in this sense become a follower of spiritual science. It puts forward something which makes a direct appeal to every single individuality just in this search for truth. It is the true fulfillment of what people were seeking in the time now past, in the last third of the Nineteenth Century — true freedom — freedom in their conception of the world, in their research and even in their opinions. That is just the task of spiritual science: to provide for the genuine justifiable claims made by the conscience of modern humanity. Hence for spiritual science there are no such things as closed dogmas, only unrestricted research which does not draw back in fear at the frontiers either of the spiritual world or of the world of nature, but which makes use of those human powers of cognition which have first to be drawn from the depths of human feeling, just as it also uses those powers which come to us through ordinary heredity and ordinary education.

This basic tendency of spiritual science is very naturally a thorn in the flesh to those who are forced to teach in accordance with a fixed, dogmatic, circumscribed aim. And that brings us to a fact of considerable concern to spiritual science, and one of the illuminating circumstances making possible the present untrue fight against us today; that brings us to something which is only the result of what began in 1864 with the Encyclical and Syllabus of that time; that brings us to the fact that the whole of the Catholic clergy and especially the teaching clergy, by the Encyclical of the 8th of September, 1907:

<u>Pascendi Dominici gregis</u>
<u>https://www.vatican.va/holy_father/pius_x/encyclicals/documents/hf_p-x_enc_19070908_pascendi-dominici-gregis_en.html,</u>

which makes such a deep incision into modern life, were made to swear the so-called oath against modernism. This oath consists in this — that every Catholic priest or theologian who teaches either from the pulpit or from the rostrum is obliged to accept the view that no knowledge of any kind can contradict what has been laid down as doctrine by the Roman Church. That means that in every Catholic priest who teaches or preaches we have to do with a person who has sworn an oath that every truth that can ever take root in humanity must agree with what is given validity as truth by Rome. It was a powerful movement which, at the time this Encyclical "[Pascendi Dominici gregis](#)" appeared, swept over the Catholic clergy for the whole civilized world, even the clergy, had in a sense been influenced by that mood which I have described as characteristic of the last third of the Nineteenth Century. There were always certain clergy who worked to bring about a certain freedom in Catholicism.

    I say quite frankly that in the sixties of the Nineteenth Century in a large number of the Catholic clergy seeds of development of the Catholic principle were present which, if they had passed over into a free science, might in large measure have led to a liberation of modern humanity. There were most promising seeds in what was attempted at that time in various spheres on the part of the Catholic clergy. One day we must go into all this more closely and in great detail. But today I just want to draw your attention to it. And it was directly against this tendency inside the Church that the Encyclical of 1864 with its Syllabus was promulgated, and thus began that conflict which came to an end for the time being in the Anti-Modernist Oath. I may say that in the subconsciousness of many of the Catholic clergy, even as late as 1907, there was a trace of inward revolt, but in the Catholic Church there is no such thing as revolt. There it was a question of ceaselessly pressing home the axiom that what

Lecture I

is promulgated by Rome as doctrine must be accepted. Then those who were obliged to go on teaching had to come to terms with what they had not the courage to deny, the freedom of science. Under the influence of what had arisen in the last third of the Nineteenth Century, the freedom of science had become a household word, a household word that, of course, even in liberal circles, often remained nothing more, but it was nevertheless a household word, and even learned Catholics had not the courage to say that they would break with the freedom of science and have nothing further to do with it. So, they had the task of proving that one may only teach what is recognized by Rome as doctrinally valid (this they had to swear on oath) and that the freedom of science was consistent with this. I should like to read you a few sentences illustrating such a method of proof, given by the Catholic theologian Weber of Freiburg in this book *Catholic Doctrine and the Freedom of Science*. He there attempts specifically to prove that although a man may admittedly be obliged by his oath only to teach the content of what he is instructed by Rome to teach, he can notwithstanding remain a free scientist. After having argued at length that even mathematics is something given to one and that one does not surrender the freedom of science because one is bound by the truths of mathematics, he goes on to show that one does not surrender one's freedom because one is compelled to teach as truth what is given by Rome; and one of his sentences is as follows: "A scholar is bound to specific methods of explanation or proof; just as the obligation of a soldier to rejoin his regiment at a certain time does not take from him his freedom, for he can either go on foot or by coach, by slow train or express, so the teacher still remains free in his scientific task in spite of his oath."

That means that one is compelled to teach a definite body of doctrine, and to prove just that body of doctrine; as to how one does it one is left free. Just as free as a soldier who has sworn to join his regiment at a certain time, and who can travel either on foot or by coach, or by the slow or the express train. One ought to ask oneself how this going by foot or by coach, by slow train or by express has to end. Under all circumstances it has to end in joining his regiment. I am not making polemics, I am simply citing a historical fact.

You see in the course of preceding centuries and culminating in the last third of the Nineteenth Century there had gradually developed a mood in wide circles of the cultivated world which seemed full of promise. But all that is now dormant; souls have gone to sleep. Those who share the mood of that time are obviously now very old, are among the old, discarded liberals, and those who were young during the last decades have not been awake to the very important claims of humanity. Hence if the decline is not to go further, we have to challenge the youth of today to act otherwise. The generation living in the sixties of the Nineteenth Century could become a generation of Liberals but was not able to provide a liberal education. For that it would have had to master the concept of miracle in quite a different way than the way adopted by natural science. For that the concept of miracle would have to be surmounted by the spirit and not by the mechanical ordering of nature. And so, whereas this mood came over modern humanity like a kind of dream, those who worked against it were wide awake, and it was out of their waking consciousness that such things were born as the Encyclical and Syllabus of the year 1864, with its eighty numbered errors in which no Catholic might believe. In these eighty errors is to be found everything which implies a modern conception of the world. Now comes once more out of the fullest waking consciousness, the latest inevitable achievement, the Encyclical of the year 1907, culminating in the Anti-modernist Oath. Not only have these people been awake since the last third of the Nineteenth Century, but for a much longer time than that they have worked radically, energetically and intensively and the task they have achieved is what I might call the concentration of all Catholicism on Rome — the suppression in Catholicism of all that inevitably deprived the freest of all churches of its freedom; for in its essential nature the Catholic Church is capable of the greatest freedom. You will perhaps be astonished that I should say that. But let us go back a little way from our enlightened freedom from authority into the Thirteenth Century, which we have recently discussed in public lectures. I should like to recall to your minds in this connection a document of the Thirteenth Century, when Catholicism in Europe was in full flower.

It has to do with the question of the nomination by Rome of

[Albertus Magnus](https://en.wikipedia.org/wiki/Albertus_Magnus),

one of the founders of Scholasticism, as Bishop of Regensburg. I need hardly say that in the Catholic Church today there could be no two opinions, but that this nomination to one of the foremost bishoprics greatly enhanced the dignity of a Dominican who up to that time had merely laid the foundations of a reputation by numerous important writings and by a pious life spent in the affairs of his Order. For today the Catholic Church is a compact organism, and it has become so by having been completely transformed. When Albertus Magnus was about to be nominated Bishop of Regensburg, the Head of his Order sent him a letter which read somewhat as follows: "The Head of the Order beseeches Albertus Magnus not to accept the bishopric, not to bring such a stain on his good name and on the reputation of his Order. He should not submit to the desires of the Roman Court, where things are not taken seriously. All the good service which he has hitherto rendered by his pious life and writings would be imperiled if he became a bishop and entangled in the business which as bishop he would have to discharge; he should not plunge his Order into such deep sorrow."

My dear friends, at that time there were voices in the Church that spoke thus. At that time the Catholic Church was no compact mass; within the Church it was possible to be plunged into deep sorrow if someone was chosen for an office which he knew was not regarded seriously in Rome. In the biographies of Thomas Aquinas, we find mentioned over and over again that he refused the office of Cardinal. Today I am giving you some of the real reasons why that was so; in the biographies you will find mentioned the bare fact of his refusal. It is not easy to give the reasons after having made him the official philosopher of the Church!

But I should like to translate literally one sentence out of that letter to which I have referred, from the Head of his Order to Albertus Magnus: "I would rather hear that my dear son was in his grave than on the Episcopal throne of Regensburg."

My dear friends, it is not enough simply to speak of the dark ages and to compare them with our own times, in which we are supposed to have made such magnificent progress; but, if we want to form judgments, we must know some of the historical facts as to how things have developed in the course of time. No doubt you are aware that Jesuit influence is behind many of the attacks on us. You know, for instance, that form the Jesuit side came the most flagrant lies; for instance, the accusation that I myself had once been a priest and had forsaken the priesthood. And you know that a few years later the person who uttered this lie could not think of anything else to say except that this hypothesis could not further be held. In the Austrian Parliament a member named Walterkirchen once shouted at a Minister:

"If a man has once lied, no one believes him even if afterwards he speaks the truth." But Jesuitism stands behind all these things; one can point to many things growing on the soil of Jesuitism, but in this respect also I only want today to point to a historic fact.

It is a fundamental point of the Jesuit rule to render absolute obedience to the Pope. Now in the Eighteenth Century there lived a Pope who suppressed the Jesuit Order irrevocably for all eternity — literally for all eternity. If the Jesuits had remained true to their own rule they would, of course, never have appeared on the scene again. However, they did not disappear but took refuge in countries where there were rulers at that time less favorable to Rome, rulers who thought that by serving Jesuitism they could serve the future, not of humanity but of themselves and their successors. For the Jesuit Order was saved by two rulers, Frederick II of Prussia and Catherine of Russia. In Roman Catholic countries the Jesuit Order was not recognized as having a valid existence. The Jesuits of today owe it to Frederick II of Prussia and Catherine of Russia that they were able to survive that period when they were persecuted by Rome. I am not making polemics, I am merely stating historic facts. But these historic facts are quite unknown to most people, and it is necessary that they shall be borne in mind, because we must no longer be a sect which has built a wall round itself. We must look at what is around us and learn to understand it. That is our undoubted duty if we desire to be true to that movement in which we profess to live.

Lecture I

You see, it is one of the worst and most harmful signs of the time that people trouble so little about facts and have no inclination to ask how they have come about, to ask whence has come the present revolt against us, from what source it is being nourished. Such judgments as proceeded from the mood which I characterized as the mood of the last third of the Nineteenth Century are less and less to be heard today. It is really astounding how little human beings today know of what is going on in the world. For they slept through the event of the Encyclical "Pascendi Dominici gregis" of September 8, 1907, whereby the oath against Modernism was imposed on the Catholic clergy. Voices such as would certainly have been raised by such a man as the Dominican General who preferred to see his dear son in the grave rather than on the Episcopal throne of Regensburg, are no longer heard; instead of that, people listen nowadays to voices which explain that a person can still be a free scientist if he swears that he can use any methods he likes to prove what he teaches; it does not matter whether he travels by express train or slow train, in a coach or on foot.

What leaps logic has to make if such proofs are to be used! I need not enlarge on this. But most people have no idea of the power lying in what at the present time is specially directed against us, who have never attacked anyone, and of what that power signifies. It is not sufficient to say that these things are really too stupid to notice. For, my dear friends, in the assertions constantly made about us, you will only find two things that can be affirmed with truth. For instance, when "Spectator" was reproached for

17

having said his source was a book, the "Akashic Record," and was told that that must have been a deliberate lie, for he must have known that he could not possess the "Akashic Record" in his library, he extricated himself as follows: "First, let me say that a printer's error slipped into our second article. Akaskic Record instead of Akashic Record. This mistake Dr. Boos has noted with glee. He seems to strain at gnats and to swallow camels. In the same article there is another misprint; for Apollinaris, of course, one should read Apollonius of Ryana! This Dr. Boos has overlooked — perhaps intentionally!"

Now, my dear friends, if Akaskic Record had been allowed to stand, I should not have complained, for that could be a misprint! And I would even go so far as to accept that a man of intellectual caliber to which the article bears witness could write Apollinaris instead of Apollonius of Tyana. I do not even hold it against him that he quotes as being among the sources from which we draw, someone whom he dubs with the name Apollinaris! But, my dear friends, it must be called a downright falsehood when it is maintained that the Akashic Record is something from which Anthroposophy is unjustifiably derived as from an ancient book. How does the gentleman wriggle out of this? He does not admit that there is anything with which to reproach him. He says: "This Akashic Record is a legendary secret writing which contains traces of the eternal truths of all ancient wisdom; it plays a part similar to that of the obscure book 'The Stanzas of Dzyan' which Madame Blavatsky claims to have found in a cave in Tibet, etc. etc."

Lecture I

Thus, he makes clear to his flock that he can speak of this Akashic Record as of any other record once written down; and naturally they believe him. But I want to draw attention to two things. One is his statement: "Steiner considers he has rendered great service by rejuvenating Buddhism and enriching it by the introduction of the doctrines of reincarnation and karma, his own specialties."

Needless to say, I never made any such claim, not one single sentence of what has so far been published is true, or at most one thing, a thing which will perhaps always cause a headache to those who write in this strain. The one thing which can be looked upon as in any way true is in the passage in which he says: "The Gnostics also professed an esoteric doctrine and divided people into the Hyliker (ordinary people, the general run of men) and the Pneumatiker (theosophists) in whom was the fullness of the spirit and among whom therefore a higher knowledge (initiation) prevailed. The latter refrained from meat and from wine."

This sentence: "refrained from meat and wine" is the only one of which we can say that, as it stands here, it is strictly true; and the doctrine it represents is to many an uncomfortable one. But now this gentleman (for it appears he wishes to be thought a gentleman) says further on: "That is, however, not true." What is not true? "Buddhism speaks of the migration of souls, Steiner of reincarnation; both are the same. According to this theory Christ is none other than the reincarnated Buddha, or Buddha reappeared. Whether it is said that a person reincarnates or that his earthly life is repeated, it comes to the same thing. All these long arguments reveal the sophistry of Steiner and his so-called scientific mind."

I beg you to notice that in both these forms really one of the most mischievous pieces of dishonesty possible has been perpetrated. Every possibility is removed which might enable those who read it to judge for themselves what the truth is. Up to the present, in all these long articles, no notice has been taken of Dr. Boos' answer to the first attack, in which he mentions, I think, twenty-three lies. The other piece of dishonesty lies in the following sentence: "This path is, however, not false but correct." He had previously talked a lot of nonsense about the will, and then he goes on to say: "This path is, however, not false but correct, for the claims of Christ are based upon the will. Christ Himself says: 'I have come into the world to do the will of my Father.'"

Therefore, it is no longer permissible to say that it is a question of spiritual initiative or anything of that nature. Then he goes on: "This little example shows how far Steiner is removed from the true Christian impulse and proves that to him Christ cannot be the divine rule (the Way, the Truth, and the Life) but only the 'wise man of Nazareth,' or in theosophical language, a Jesu ben Pandira or Guatama Buddha."

Now compare that with everything that has been said here in refutation of the modern theological view that one has to see in the Christ Jesus merely the wise man of

Lecture I

Nazareth. Think of all that has been said in this place against this materialistic theory! Yet here, by our nearest neighbors, we are calumniated, and what I have unceasingly contested is spread abroad as my own belief. I ask you, is greater falsehood possible? Can there be a more dishonest method than this? It is not sufficient to recognize the stupidity of these things, for you will more and more become aware of the real effects of such tactics. Therefore, it is essential that we here should really not sleep through these things, but that we should grasp them in all earnestness, for today it is really not a question of a small community here, but it is a great human question; and this great human question must be clearly seen. It is a question of truth and falsehood. These things must be taken seriously.

My dear friends, these observations are to be continued here next Thursday at the same time, and as has been the case today, a few eurhythmy exercises will precede the lecture. Then I want to take the opportunity, perhaps next Saturday, of holding a public lecture from this platform, without polemics, a purely historical lecture showing the historical basis of all that preceded and led up to the Papal Encyclical "Pascendi Dominici gregis" of September 1907, and the results that have followed from it. Therefore, if at all possible, we shall try to arrange a public lecture here next Saturday. Next Thursday there will be a kind of continuation of today's theme, when we shall go deeper and shall see in particular what the spiritual life itself has to say to what is happening today.

The Roman Catholic Church

Lecture II

Dornach, June 3, 1920

It is my intention today to continue with the subject we began here last Sunday, and I should like first to go back to the few words I then said concerning the Anti-Modernist Oath. I described its nature by saying that since the time of its inauguration anyone who holds a teaching office in the Roman Catholic Church, whether as theologian or preacher, has to take this oath which forbids anyone engaged in Catholic teaching to deviate from what is recognized as dogmatic truth by the Roman Catholic Church; which means, in fact, what is recognized as dogma by the Roman Curia.

Now in face of such a fact the important question to ask oneself is: "What is there actually now about this Anti-Modernist Oath?"

There is nothing new in the adherence of a Catholic preacher or theologian to the doctrines of the Roman Catholic Church; please be clear about that. What is new is that the person concerned has to take an oath as to what is the doctrine of the Church. I want you to be clear about this first, and then to see it in relation to the fact that there has been a prodigious piling up of historical deeds in the Roman Catholic Church during the last half century. It began with the definition of the

[Dogma of the Immaculate Conception](https://en.wikipedia.org/wiki/Immaculate_Conception);

then came a further extraordinary, subtle, and clever step in the Encyclical and Syllabus of the sixties, in which Pope Pius IX in his eighty Articles declared all modern thinking to be heretical. Then on top of that came the definition of the

[Dogma of Infallibility](https://en.wikipedia.org/wiki/Papal_infallibility),

again, a very important and extraordinarily clever and subtle advance. The next extremely logical step was the Encyclical "Acterni Patris," which declared the doctrine of Thomas Aquinas to be the official doctrine of the Roman Catholic Church. The crowning of this whole structure for the time being is this oath against Modernism, which in effect is nothing else than the carrying over of something which was always present intellectually into the sphere of human emotion, the sphere of will and feeling. That which always had to be acknowledged has, since the year 1907, had also to be sworn on oath.

Anyone who understands this grandiose dramatic development will certainly not underestimate its importance, for it demonstrates the only wakeful consciousness within our sleeping civilization. I should be interested to know how many people felt as if stung by a viper when they read a certain sentence in the last number of the "Basler Vorwarts," which illuminates as by a flash of

Lecture II

lightning the whole situation at the present time. I should really like to know how many people, when reading this, felt as if stung by a viper! The sentence runs: "Religion, which represents a fantastic reflex in the minds of human beings concerning their relations one to another and to nature, is doomed to natural decay through the victorious growth of the scientific, clear and naturalistic grasp of reality which is bound to develop parallel with the establishment of a planned society." This sentence is to be found in an article which has not yet appeared in its entirety but has yet to be concluded. It is to be found in an article on the measures taken by Lenin and Trotsky against the Russian Catholic Church and the Russian religious communities in general. This article is at the same time an indication of what is regarded as the programme for the future in these quarters.

One knows for a certainty that the number of Lenin's opponents who feel as if stung by a viper on reading such a sentence is very small. I want to emphasize this as not being without significance, because it brings out to what an extent modern humanity passes lightly over things, usually asleep — how it passes over the weightiest facts, facts which are decisive for the life of mankind on this earth. It is, of course, not a question of any one such sentence; the point is that in certain quarters they will see to it that the content of what is there expressed will be made known throughout the world, that among the widest circles of the European population an outlook will come about which can be thus expressed: "Religion which represents a fantastic reflex in the minds of human beings concerning their relations to one another and to nature, is doomed to natural decay." The so-called 'enlightened' humanity of today is still soundly asleep to the fact that such a view is coming. But the Roman Catholic Church is awake; she alone in fact is awake and is working systematically against the approaching storm. She works against it in her own way. And it is very important that we should understand that way, for I have had much to say about the attacks from that quarter that are being forged against what we have to stand for. Meanwhile the clouds are gathering. The latest is that the bill posters had to notify us that the man who this morning was to have posted up in Reinach the announcement of Saturday's lecture had the posters taken from him and burnt. You see, these things are getting worse, even here they are getting systematically worse.

What was written by a man who frequently hides behind the bushes and calls himself 'Spectator' — a pack of sheer lies, I told you last time about the most egregious of them — now goes through the whole Roman Catholic press, and this burning of our posters really takes one back out of modern times altogether.

Now, my dear friends, I have already raised the important question as to why the clergy of the Roman Catholic Church today must take an oath in support of what they were already pledged to maintain. No one will deny that the enforcement of such an oath strengthens the external grasp of the matter. Nor will anyone deny that if it is felt necessary to make people take this oath, the assumption is that without such an oath they would no longer go so firmly forward. But, my dear friends, there is, of course, still a third point, which it would be well for you to ponder. For verily things enter in here which must not yet be called by their right names; yet the question may nevertheless be thrown out as an aside. Must not confidence in a thing be already to a certain extent shattered if it has to be sworn on oath? Is it a possibility to administer an oath for the truth? Can there be such a possibility? Is it not necessary to assume that the truth of its own inherent force is its own guarantee in the human soul? Perhaps it is not so important to ask whether an oath is moral or good or useful; perhaps it is far more important historically to ask whether it has become necessary, and if so, why?

In face of this oath something else is now necessary. It is necessary that a certain number of human beings should feel how without spiritual science there must inevitably come over Europe the consequence of the frame of mind expressed in the words "Religion, which represents a fantastic reflex in the minds of human beings concerning their relations to one another and to nature, is doomed to natural decay through the victorious growth of the scientific, clear and naturalistic grasp of reality, which is bound to develop parallel with the establishment of a planned society."

What is it that is to bring about the decay of the old religions one and all? It is all that has arisen during the last three to four centuries as modern science, enlightened science — all that is taught as objective science in the educational institutions of civilized humanity. Bourgeois teaching and bourgeois methods of administration have been adopted by the proletariat. What the teachers at the universities and high schools right down to the elementary schools have put into the souls of men, comes out through Lenin and Trotsky. They bring out nothing but what is already taught in the institutions of civilized humanity.

My dear friends, today there exists an antithesis which one should contemplate without prejudice. It is this. What is to be done to prevent the influence of Lenin and Trotsky from spreading over the entire civilized world? The primary necessity is no longer to allow our children and our youth to be taught what has been taught right up to the Twentieth Century in our universities and in our secondary and elementary schools. To grasp this seeming contradiction demands courage, and because men do not want to have this courage, they go to sleep. That is why one has to say that whoever reads a declaration such as the one I have just quoted, even if it only appears in a few lines of an article, should feel as if stung by a viper; for it is as if the whole situation of present-day civilization were illumined by a flash of lightning.

Face to face with this situation, what would spiritual science with all its detailed concreteness have? What spiritual science would have, I would characterize somewhat as follows. The Roman Catholic Church, as a mighty corporation, represents the last withered remains of the civilization of the fourth post-Atlantean Epoch. It can be well authenticated in all detail that the Roman Catholic Church represents the last remnant of what was the right civilization for the fourth post-Atlantean epoch, what was justified right up to the middle of the Fifteenth Century, but what has now become a shadow. Of course, products of a later evolution often herald their arrival in an earlier period, and its earlier products linger on into a later epoch; but in essentials the Roman Catholic Church represents what was justifiable for Europe and its colonies up to the middle of the Fifteenth Century.

Spiritual science, however, as we understand it, has to further the needs of the fifth post-Atlantean civilization. The Roman Catholic Church represents in a number of dogmas, as a self-contained structure which is dead, but which still exists as a corpse, something which hangs together inwardly through a well-constructed logic, a logic of reality. In this structure there is spirit, the spirit of a past epoch, but it is spirit. The way in which spirit is contained within it I have, I think, shown in the lectures I held here on St. Thomas Aquinas. There was spirit in these teachings, in these dogmas of the Roman Catholic Church, a spirit which had been perceived by those great ones whose last stragglers we find in Plotinus, and others, and with which St. Augustine had yet in an interesting way to wrestle.

Since the middle of the Fifteenth Century, what has appeared as philosophy, science, public opinion, world conception, apart from the Roman Catholic Church, is, for the most part, void of spirit. For the spirit of the fifth post-Atlantean age begins only to emerge with such principles as those of Lessing and Goethe. And it wants to enter into what the natural-scientific trend inaugurated by Copernicus, Galilee and Kepler was able to yield without spirit, and out of which Darwin, Huxley, and so on have blown the last remnant of Spirit. It wants to enter into that and fill it with Spirit. And spiritual science wishes to make manifest the Spirit which has to be the spirit of the fifth post-Atlantean age.

An institution permeated by a certain spirit as its own soul, if it is to maintain itself as an institution, can only fight for the past. To demand of the Catholic Church that it should fight for the future would be folly, for an institution which carried the spirit of the fourth post-Atlantean epoch cannot possibly carry that of the fifth. What the Catholic Church has become, what has spread over the civilized world as the configuration of the Catholic Church and has its other aspect in Roman law and the abstractness of the whole Latin culture, all that belongs to the fourth cultural epoch. And the Catholic Church configuration has permeated the entire of civilization far more than men think. The monarchies, even if they were Protestant ones, were in their structure at bottom Latin Catholic institutions. For the fourth epoch it was necessary that men should be organized according to abstract principles, and that certain hierarchical ordinances should form the basis of organization. But what is to come as the spirit of the fifth

Lecture II

post-Atlantean age, which we seek to cultivate through spiritual science, does not require such a firm structure, does not need a structure organized according to abstract principles, but requires such a relation of one human being to another as is characterized in my,

[Philosophy of Freedom](https://southerncrossreview.org/Ebooks/ebpof.htm),

as ethical individualism. What that book has to say on the subject of ethics stands in the same contrast to the social structure fostered by the Roman Catholic Church as in the last resort spiritual science stands to Roman Catholic theology.

Spiritual Science was verily never meant to appear in the role of belligerent; spiritual science was only meant to state what it saw to be the truth. Anyone who examines our activities here will have to admit that never, never have I taken an aggressive stance. Of course, one has had constantly to defend oneself against attacks which came from outside, and that is the essential thing. But it is simply a demand of the age that what spiritual science has to give should be stated quite concretely. One has to remember that modern civilization is asleep, and that Rome is awake. That Rome is awake is revealed by the mighty drama unrolled in the definition of the dogma of the Immaculate Conception; in the publication of the Encyclical of 1864, with its Syllabus condemning eighty modern truths; in the declaration of the Infallibility of the Pope; in the naming of Thomas Aquinas as the official philosopher of the Catholic priesthood; and finally in the anti-Modernist Oath for the teaching clergy.

In face of the rising tide of Darwinism, in face of the rising tide of naturalism in the fifties, something was done which, although it can only be understood out of the spiritual demands of the fourth post-Atlantean epoch nevertheless throws down the gauntlet before all this rising materialism. The rest of the world lets it come, or at best counters it with foolish arguments such as those of Eucken. Rome, however, sets up the dogma of the Immaculate Conception, which states clearly: "Naturally, no one can accept the Immaculate Conception and at the same time ascribe to Darwinism; thus, we establish the incompatibility of the two things." Not more than a decade later, the whole structure of the modern world conception, void of spirit, is condemned by the Syllabus. The definition of the dogma of the Immaculate Conception was already a departure from all the earlier traditional development of the Catholic Church. In what then in former times consisted of a definition by an Ecumenical Council? Within the Catholic Church a fundamental condition for the definition of any dogma — I am simply relating, not criticizing — was that the Fathers gathered together in the Council in which the dogma was to be defined should be illumined by the Holy Spirit; so that in reality the originator of the dogma is the Holy Spirit. It is really a question of recognizing whether the Holy Ghost is really the inspirer of the dogma to be defined. How does one know, how did they know that? Because what was about to be defined as a dogma by an Ecumenical

Lecture II

Council was already the opinion of the whole Catholic Church. Now that was not the case with the doctrine of the Immaculate Conception; consequently, one of the fundamental principles of the Catholic Church was broken, the principle which required that a doctrine shall only be made into a dogma if the faithful have previously signified an inclination towards it. Of course, as regards these modern definitions of dogma, one was already living in the events of the fifth post-Atlantean epoch; and it was no longer so easy as in the Middle Ages so to prepare the faithful that a common opinion prevailed among them which could then be defined. But you see, the ground had been well prepared — preparations had really been going on all through the last three or four centuries for these latest revelations; that is to say, these last revelations so far. Even then the Roman Catholic Church was already awake; and if you remember when the Jesuit Order was founded, you will easily draw the inference that the foundation of that Order is essentially connected with the fact that some means had to be found to overcome the difficulties of working on the faithful in modern times and generally to take these difficulties into account. One ought to pay attention to the course things have taken. I am only relating, I am not criticizing. 1574 was the year in which the citizens of Lucerne themselves expressed a desire for Jesuitism. Let me repeat that it was Canisius, the immediate disciple of Ignatius Loyola, who founded the Jesuit College in Freiburg in 1580 which later established its colony in Solothurn. I should like too, to say that after the suppression of the Jesuit Order by Clement

XIV, the Jesuits had, of course, to disappear from Switzerland, and they then continued their activities only in the countries of Frederick II of Prussia and of Catherine of Russia, to whom the Jesuit Order really owes its continued existence.

But in this extraordinary interregnum between the suppression of the Jesuit Order in 1773 by Clement XIV and its reinstatement by Pius VII in 1814, strange things nevertheless happened. For you see, during this interval, in Sion, for example, the institution which had been conducted by the Jesuits naturally remained; and as a matter of fact for the most part, too, the same teachers remained in it; only up to 1773 these teachers were Jesuits, and from that date onward they were no longer Jesuits, but one spoke of the Fathers of the Faith as teaching in such institutions. Therefore, it is not surprising that after Pius VII had in 1814 withdrawn the decree of Clement XIV, these Jesuit colonies were again reinstated — in Brigue the same year, in Freiberg in 1818, in Schwiez in 1836.

It is not my task to criticize these things, but I want you to know about them, and I should further like to say this. From my explanations you will have seen that from the 21st of July 1773, when Clement XIV issued the Bull "Dominus ac Redemptor Noster" until Pius VII caused his Bull "Solicitude omnium Ecclesiarum" to appear, the Jesuit Order was officially suppressed. Now comes something extraordinary. There exist memoirs written by a man who was called

Lecture II

Cordara

https://www.newadvent.org/cathen/04358a.htm,

a Jesuit, one who had gone through all the grades of the Jesuit Order. From his memoirs it is evident that he was not an ignoramus like Count Hoensbruch, whose speeches and writings are unimportant, for, of course, the Jesuits are clever and Hoensbruch is very foolish. It is a question of not being asleep over these things today, but of knowing how to distinguish the important from the unimportant. I should like to mention one point in Cordara's memoirs, where he remarks that it was strange that the Jesuit Order should have been suppressed by Pope Clement XIV, who had a great liking for the Jesuits and was at the same time an extremely tolerant man and no fool. Thus, Cordara gives Pope Clement an excellent character, almost lauds him to the skies, in spite of the fact that he suppressed the Jesuits. Therefore, Cordara naturally asks how it was that they had to be suppressed by this kindly Pope. "One must ask," says Cordara, "What were the intentions of Divine Wisdom in the suppression of the Jesuits and why it was permitted?" Now, of course, Cordara was a Jesuit, but a man who had even been taught by them to think logically, and therefore, he does not ask abstract questions but very concrete ones. He said, "We have to look for what was blameworthy in the Order," and he goes on to say, "I find that as regards morality, the Jesuit Order has gone admirably to work; as to unchastity or the like, we are very strict, nobody can deny it. But we are very lenient towards everything of the nature of slander, calumny, and abuse." Cordara actually says that God probably allowed the suppression of the Jesuit Order by Pope Clement XIV because there had gradually crept into the Order a certain tendency to slander, calumny, and abuse. Now I am not criticizing this, I am only relating facts. I should only like to add that the Jesuit Cordara further says: "One of our chief faults is pride, which causes us to regard all other Orders as of no account and worthless, and all secular clergy as worthless."

Now, if one puts together everything in these memoirs which is said, not as a reproach to the Jesuit Order but simply as a kind of mea culpa, as an examination of conscience by a Jesuit, one finds in the first place a striving for political power; second — pride, arrogance; third — contempt of other Orders and secular priests; fourth — accumulation of wealth. But if one gradually comes to know what it means to maintain dead, withered truths by means of power, one cannot do better than to use such an Order to provide for their maintenance. The Roman Catholic Church in Pius VII well knew what it was doing. It discharged its debt of gratitude to world history, history made by Frederick II, King of Prussia, and by Catherine of Russia, both now dead, when it reinstated the Jesuit Order. And among the first 'foreign' Jesuits to teach here in Switzerland again were many of those who had been protected by Catherine, many who came back from Russia. You can read all this in the relevant historical documents.

Lecture II

You can see, therefore, that Rome was wide awake and made in advance her necessary preparations. Wide awake preparation was made. Now comes the next step, the condemnation of all that mounting tide of science — ripe for condemnation since after four centuries of effort to drive out the spirit, it remained void of spirit and mankind remained asleep. The next step was the Encyclical of 1864 with its Syllabus. If the definition of the dogma of the Immaculate Conception had already been a break with all earlier custom of the Roman Catholic Church, undoubtedly what was promulgated in the doctrine of Infallibility constituted a far greater break. For all the acumen of the practiced logic of the Catholic Church was needed to justify the contention that the Pope is infallible after Pope Clement XIV in 1773 had suppressed the Jesuit Order, and his successor Pope Pius VII in 1814 had reinstated it. A goodly number of such things could be adduced. But the logic which had been so well cultivated was not applied to produce sharply defined concepts. What was needed was a well-formed concept which could justify infallibility. Not what the Pope expresses as his private opinion is regarded as infallible, only what he says, 'ex cathedra.' Then it was not necessary to decide whether Clement XIV or Pius VII was infallible, but whether Clement XIV or Pius VII had spoken 'ex cathedra' or privately. Clement XIV must have spoken privately when he suppressed the Jesuit Order, and Pius VII 'ex cathedra' when he reinstated it! But, you see, the trouble is that the Pope never states whether he is speaking 'ex cathedra' or privately. That he has never yet said! One must admit that it is difficult to distinguish in the individual instance whether it is subject to the dogma of infallibility, but the dogma is there, and with it a good blow was struck at what can arise as the elemental culture of the fifth post-Atlantean epoch. It then became necessary to draw the consequences and that was well done by Pope Leo XIII, a man full of insight and of very great intelligence. Pope Leo XIII sought to adopt the philosophy of Thomas Aquinas as it was in the fourth post-Atlantean epoch. The Church needed that philosophy which is so great but great for the last culture epoch, for, of course, objectively everything in the way of philosophy which has subsequently arisen is small compared to what blossomed as Philosophy in Scholasticism. But what is small is still a beginning, whereas what was in Scholasticism was an end, a climax.

Now we must remember that mankind is nevertheless trying to progress and therefore it happened that, both in the sphere of natural-scientific research and in historical research, strange vagaries cropped up among the Catholic clergy. Very well then, it now became necessary to adopt strong measures in support of the Catholic doctrine derived from St. Augustine. Hence the Oath against Modernism.

Now of course, my dear friends, nothing can be said against all that, if it is pursued by any community out of a free impulse, but when in 1867 the Jesuits were again allowed into Munich, a Jesuit priest in his first sermon then said that the Rules of the Order forbade Jesuits to meddle in politics, that a Jesuit never has taken any part in politics;

Lecture II

then it appears to me that modern men are not likely to believe that. And it soon becomes otherwise. Up to that time it had not in fact been possible to find a really adequate measure.

My dear friends, what I am really trying to bring home to you is that all those who seriously want knowledge, progress and the good of humanity will have to recognize the threefold nature of the social organism. For how little political measures avail against the Roman Catholic Church has shown itself in the course of the German 'Kultur' campaign. But what I am primarily trying to bring home to you is how slow people are to see what, as the necessary consequence of spiritual-scientific endeavor, must come into the world as the impulse for the threefold order of society. That is what we need, a wide-awake understanding for the phenomena of the time.

Now, my dear friends, I have plunged into a theme into which I would certainly not have entered had it not been for recent events here, of which we shall see further developments. You know that on Saturday I am to give a public lecture on "The Truth about Anthroposophy and its Defense against Untruth." But in any case, I must contrive next Sunday to continue the comments which I cannot complete today. So next Sunday at half-past seven we will meet here once more, although we have to start on a journey on Monday. In these troubled times one cannot do otherwise, and so on Saturday, despite the burning of our posters, the public lecture also will take place here.

Lecture III

Dornach, June 6, 1920

My Dear Friends,

You will have noticed that all my lectures for years past have stressed the importance, both for the spiritual and social evolution of humanity, of the spread of what we spiritual scientists call the results of initiation research. You know also that by the word initiation, to use an ancient term, we understand a seeing into a spiritual world separated from our physical-sensible world by a kind of veil; a veil which may very easily lead to illusions. What is first given to man is the physical-sensible world, and he makes use of this either for the concerns of ordinary life or in pursuit of what today is called science. He combines his perceptions in the physical world with all kinds of concepts, ideas and so on; but all that does not lead him beyond the world of the senses; and we may say that the only means through which in ordinary life the human being can to a certain extent look beyond and above the sensible is in dreaming. The dream, as we experience it today in ordinary life, is only a poor imitation of what may be called experience in the supersensible world. The supersensible world has to be perceived not only with the same degree of consciousness that one has in ordinary life, a degree of consciousness which is not there in the dream condition, but with a consciousness of even higher degree. In order to experience the supersensible world, one must enhance one's consciousness, to come to a state which bears a similar relation to that of ordinary life, of ordinary consciousness, as that of ordinary consciousness bears to sleep consciousness, or at any rate to dream consciousness. Thus, a kind of awakening out of the ordinary consciousness has to take place. Hence the dream is, of course, only a poor imitation of what is experience din that other condition.

But really the dream differs far less from ordinary thinking than is believed to be the case. When you become aware of the picture world of an ordinary dream, it is actually in its content essentially the same as what underlies one's thoughts, only that in thinking the human being enters into the outer world through his senses; and therefore what is arranged in the dream by mere analogy, is in thinking ordered in accordance with quite external relationships, is ordered by the perception of the outer sense world, in accordance with what this world says to us. You can have a kind of proof of this if you sit down and shut your eyes, or let us say if you are lazy and just allow your thoughts to wander, and then notice how they have wandered, notice that as you recall them in your mind you can hardly find between them any more connection than one finds in the events of a dream. The ordinary uncontrolled flow of man's ideas is in a certain sense subject to the same law as that of the dream. It is only through our senses that we are torn out of our dreams. And as soon as we silence our senses, then we really begin to dream. This dream activity has to be intensified. It has to be so organized that it becomes permeated by a higher consciousness than that which our ordinary senses confer. Then imaginative consciousness arises, and then by degrees comes inspired consciousness, of which I told you yesterday in my public lecture, that it is recognized by Thomism as a justified source of cognition.

In our initiation science, then, we have the results of such an intensified condition of consciousness. The difficulty in the present evolution of humanity and in that of the near future is that humanity will most certainly need this science of initiation, and will not be able to get on without it, for if only the materialistic knowledge that has been developed in the last three to four centuries should continue to permeate human evolution, conditions such as we are now experiencing in the present social chaos of the civilized world will repeatedly recur, broken only by short intervals. What science has been able to give to humanity since the middle of the Fifteenth Century has certainly been sufficient for the making of technical discoveries; has been sufficient to spread over the earth a network of commerce and business intercourse, but it does not suffice for the creation of social arrangements really adapted to the consciousness of present-day humanity. That is something which has gradually to be realized. As long as the science of our universities, our recognized public education, rejects the science of initiation, as long as an external, material science is alone recognized, so long will humanity be perpetually in the grip of chaotic social conditions, such as we are now having. The science of initiation will alone be able to save humanity of the future from such chaotic social conditions. Above all, the science of initiation will be able to give those human beings who can approach it a consciousness of the fact that the life here on earth, which we enter through the gate of birth, is the continuation of a spiritual life which we have spent in the supersensible world between the last death and this present birth. Now you know that this spiritual life which precedes our birth or conception is not spoken of in the churches of our modern civilized world. It is never spoken of, and for a quite definite reason. Because at a certain point of time, which coincides with that of the Greek evolution between Plato and Aristotle, all consciousness of a pre-natal spiritual life was lost. Plato speaks clearly of that life, but Aristotle vehemently defended the theory that every time a human being is born on the earth, a quite new soul unites with his physical body. The Aristotelian doctrine is that for each physically born human being a new soul is created.

Now if one holds such a view, one cannot say otherwise than that the life which begins with death, which a man begins by throwing off his physical body — and of this Aristotle also speaks — continues to exist and does not again descend to earth. For, of course, unless one can speak of a prenatal existence, one has no justification for believing otherwise than that after his death man remains forever in a spiritual world. That had already led Aristotle to draw some very weighty conclusions. For instance, he argued that if anyone between birth and death here on earth has led a life which burdens his soul with evil, that human being is for all

Lecture III

eternity forced to look back on that evil, which can never again be blotted out or overcome. So that according to Aristotle's view, when the man dies, he has to look back eternally on the one earth life for which he has to pay.

This doctrine of Aristotle was taken over in its entirety by the Catholic Church, and when in the Middle Ages the Church sought for a philosophy which could carry its theology, it took over, as regards the life of the soul, this Aristotelian doctrine, and one can still today recognize its echo in the idea of eternal punishment in hell.

Now, after having for thousands of years had this doctrine of the origin of the soul with the body impressed upon them, how is it conceivable that people can free themselves from it again and arrive at the truth? They can only do so by receiving a new spiritual science. Without this renewal of spiritual science mankind will not be able to accept a life before birth as a justified belief or, rather, before conception. Just think what it signifies for the whole evolution of humanity not to speak of a prenatal life. When in the churches of today we are told only of a life after death, that simply arouses instincts connected with man's egotistical desire not to be extinguished at death.

My dear friends, an essay, a thorough-going study is needed — "On the Cultivation of Human Egotism by the Churches" — In such a study one would have to explore the real motives which are worked upon in the sermons and doctrines of all the usual religious denominations, and one would everywhere find that appeal is made to the egotistical instincts of man, especially to the instinct for immortality after death. One could extend this study to cover more than a thousand years, and one would see that these religious denominations, by eliminating the life before birth under Aristotelian influence, have fostered in the highest degree the egotism in human nature. Churches, as cultivators of the deepest egotistical instincts, is a subject well worthy of study. By far the largest part of the religious life of the modern civilized world today panders to human egotism. This egotism can be felt in pronouncements which I could quote by the dozen. Again and again, it is written, especially in pastoral letters, "that spiritual science busies itself with all kinds of knowledge about supersensible worlds, but man does not need that. He only needs to have the childlike consciousness of his connection with Christ Jesus." That is said both by pastors and by the faithful; this childlike connection with Christ Jesus is always emphasized. It is brought forward with immense pride against what is, of course, far less easy to attain — penetration into the concrete details of the spiritual world. It is preached over and over again. Again and again, man is led to believe that he can be most Christian when he least exercises his soul forces, when he least strives to think something clear with what he calls his Christ consciousness. This Christ consciousness must be something which man attains by absolute childlikeness — so say these easy-going ones. And best of all they like to be told that Christ has taken all the sins of mankind on Himself, and has redeemed mankind through His sacrificial death, without men having to do anything themselves. All this

Lecture III

points to the belief that through the sacrificial death of Christ, immortality is guaranteed after death; but that merely tends to nourish in humanity the most extreme egotism. By this cultivation of egotism on the part of the churches, we have finally brought about what is dawning today over all the civilized world. Because this egotism has been so widely cultivated, mankind has become what it is today. Just think if the human being, not merely theoretically with ideas and concepts, but with the whole inner life of his soul were to grasp the truth that this earthly life as he enters it through birth lays upon him the obligation of fulfilling a mission which he has brought with him from a life before birth! Just think how egotism would vanish if that thought were to fill our whole souls, if this earthly life were regarded as a task which must be fulfilled because it is linked to an over-earthly life through which we have previously passed! Egotism is combated by the feeling that stirs in us when we look upon life on earth as a continuation of an over-earthly life, just as it is fostered by the religious denominations which speak only of life after death. That is what is important for man's social well being, to restore the fact of his pre-existence to the consciousness of mankind of the present and of the future, and of course the idea of reincarnation is inseparable from that of the pre-existence of the human soul.

Thus, we can say that the Catholic Church itself accepted the Aristotelian doctrine and made it into a dogma of her own; but this dogma must now be replaced by the higher knowledge of repeated earth lives, of pre-existence, which Aristotle was clearly the first to leave out of account.

You see, if you can estimate what importance it has for mankind to absorb certain elements into its inmost life of soul, then you will recognize what it means for man's life of feeling in its widest sense. It means that the human being gets quite another consciousness of himself. Now, my dear friends, let us add to what has just been said, the words of St. Paul, that this ordinary consciousness must become permeated more and more by the consciousness, "Not I, but Christ in me." When we look upon ourselves as something different, Christ will also become different within us. If we look upon ourselves as something which, even as regards the soul-spiritual, has only originated at birth, then of course the Christ can only be in what has come into existence with this present birth, and will only have the task of carrying our souls through the gate of death and further through all eternity. But if we know that we have had a prenatal life, we can know also that it is the Christ Himself Who has laid on us a mission for this life on earth, that we have to develop our own forces, that we have to find Him in our forces, that we have to seek Him as the best we can have in us, the best in our spirit and soul.

The Catholic Church, by doing away with the spirit in the Eighth Ecumenical Council in Constantinople in the year 869 has always taken care that those belonging to it should never think about the real psycho-spiritual nature of man. The Church laid down in that Council that man consists

Lecture III

only of body and soul, though the soul has a few spiritual attributes; but that to regard man as consisting of body, soul and spirit is heretical, and when the Jesuit Zimmerman brought forward certain reproaches against spiritual science, he reckoned as its deepest sin that it seeks to re-establish the validity of trichotomy, by declaring that man consists of body, soul and spirit. For thereby the true nature of man and also his real relationship to the Christ must inevitably come to light. But what the Church worked for more and more was that man should *not* come to a true understanding of his real relationship to Christ. We may say, my dear friends, that the development of the western churches consists really in drawing an ever denser and denser veil over the real secret of Christ.

You see, fundamentally, all institutions are built on external abstractions. When a state is young it has but few laws and people are relatively unfettered by them. The longer a state exists, and especially the longer the various parties in the state apply their clever arguments, the more laws are made until finally no one knows where he is, for there is no longer only one law, but everything is entangled in the meshes of intertwining laws from which one has the greatest difficulty in freeing oneself.

That is the case also with the churches; when a church begins to make its way through the world, it has relatively few dogmas; but men must have something to do, and just as the statesman is always making laws, so do Churchmen create more and more dogmas, until finally everything becomes dogma, dogma becomes consolidated. It is only since the time when Scholasticism was at its height that this consolidation of dogma has been especially noticeable in modern civilization. Anyone who really studies thoughtfully the Scholasticism of Albertus Magnus and Thomas Aquinas will find that in their time everything to do with dogma was still fluid, still a matter for discussion, that discussion was still taken as a matter of course. True, in the Scholastic period there was already a certain opposition within the western church. There was the opposition between the Dominicans and the Franciscans. The Dominican Order, of which Scholasticism was the flower, developed its knowledge through strictly logical ideas. The Franciscan Order declined to do that; the Franciscans wanted to achieve everything through a childlike feeling. I will not now enter into the relation between Dominican and Franciscan teaching, but I should like you to imagine what it would be like if people fought as vigorously today about the content of Dominican and Franciscan doctrine as they did in the Middle Ages, when they discussed dogma so freely. Of course, the Roman bishop even at that time declared people to be heretics; and he could have gone on doing so for a long while, had not the secular governments come to his assistance and burnt the people whom he merely wanted to condemn. In this matter one has to admit that greater blame falls on the secular rulers. All this did not prevent there being free discussion in the Catholic Church at that time. This free discussion has gradually been completely eliminated. Free discussion was something

Lecture III

which the Catholic Church, as time went on, could not stand. And why not? Because a quite new consciousness was arising in humanity. This was the transformation of consciousness in man, which took place, as I have often explained to you, in the middle of the Fifteenth Century. The human being wants ever more and more to form his own judgment from the depths of his own soul. In the Middle Ages that was not so. Man then had a kind of communal consciousness, and only a few learned people, the real scholars, could get beyond that. They were able to evolve out of this common uniform folk consciousness because they had been trained in Scholasticism. This also applies to a certain number who were trained in the Rabbinical teaching. In general, however, man's consciousness was uniform. It was a community consciousness, a family consciousness. But the individual consciousness was developing more and more.

Now, one thing that the Catholic Church had always had, because it had attracted highly educated people, was historical foresight. The Catholic Church knows quite well what I am now saying that the principle of modern development is to foster the individual consciousness of man — but the Catholic Church is unwilling to let this individual consciousness arise. She wants to maintain that dull communal consciousness, from which only those will stand out who have received a scholastic education. Now, my dear friends, there is a very good way of maintaining this dull communal consciousness — it is always a dull one. And this is to damp down the ordinary consciousness which a person has whenever he makes use of his sense organs, to subdue it thoroughly. Just as the dream damps down the ordinary consciousness, similarly the consciousness is subdued for the purpose of making of it a dull communal consciousness. Now one of the many characteristics of the dream is that in many respects it is a liar. Or would you deny that the dream is a liar, that it represents things which are not true? It is, however, not due to the dream but to the subdued consciousness that when we dream, we cannot test what is true and what is untrue. Hence it is one of the properties of this subdued consciousness that it takes away from human beings the possibility of distinguishing truth from untruth. Now if one is versed in these matters, what does one do? One relates to people under authority things which are not true, and one does this systematically. Thereby one subdues their consciousness to the dim state of the dream consciousness. Thereby one succeeds in undermining what since the middle of the Fifteenth Century has been seeking to emerge as individual consciousness in the souls of men. It is a fine undertaking so to work under authority as to write articles such as are now appearing in the "Katholischen Sonntagsblatt"; for thereby one succeeds in preventing men from developing in the way they should since the middle of the Fifteenth Century! Although the individual may not know it, the whole hierarchy is behind what happens in this respect and has organized things extremely well. If one believes that these things happen out of mere naivety or purely from rancor, one is making a great mistake. Naturally, we must fight lying and untruth with all

Lecture III

the means at our disposal, but we must not believe that these lies proceed out of simplicity or even out of the belief that what is said is the truth; for if these people spoke the truth, they would not attain what is their purpose to attain, which is to subdue consciousness by deliberately telling men lies, and that is a mighty and diabolical undertaking.

Now, my dear friends, this, too, must be said quite frankly. The simplicity is entirely on the other side. Simplicity today is not on the side of the Catholic Church but on the side of their opponents. They do not believe that the Catholic Church is great in the direction I have described; they do not believe that the Catholic Church long ago foresaw that the social condition which has now come over Europe would some day come about, and that the Catholic Church took her own measures to make her influence felt in those social conditions. What the Catholic Church intends is to create a bridge between the most radical socialism, Communism, and its own domination.

You see, this magnificent foresight is something one has to recognize in everything which has a real spiritual basis, a spiritual foundation that is rooted in a real spiritual life, and not in mere abstraction. You see, with all this modern enlightenment one arrives at nothing which can have a far-reaching significance in the course of human evolution. But the ceremonies practiced in the Catholic Mass are of far greater significance than all the sermons from evangelical pulpits, because they are deeds accomplished in the sensible world, and in their form, they are at the same time something which enchants the spiritual world into the sensible world. For that reason, the Catholic Church has never been willing to deprive herself of magical means of working on human beings. These magical means do exist. And we must not believe that anything other than re-entry into the spiritual world in all true inner sincerity and uprightness can be effective against these things. And as what one might call an external sign that the Catholic Church has always had a connection with the spiritual world, you can take something which I have already told a few of you.

In the first decade of the Twentieth Century a Papal Encyclical was issued which declared various things to be heretical. Papal Encyclicals speak in such a way that they always adduce the doctrine in question and then say: "Whoever believes that is anathema." Thus, it quotes some doctrine taken from one of the books of Haeckel or someone, and then says: "Whoever believes that is anathema." It does not state what is true but says: "Whoever believes that is anathema."

Now, you see, the science of initiation makes it always possible to investigate such things, and I set myself the task of making certain investigations concerning this Encyclical. I am bound to say that here, as in so many other things, what was promulgated by the Pope "ex cathedra" at that time was really drawn from out of the spiritual world. I mean that what has flowed into that Encyclical did come down from the spiritual world. But in an extraordinary way it was

Lecture III

completely reversed! Everywhere where there should have been a 'yes' there was a 'no,' and vice-versa. That is something — and I could give other instances — which shows that the Roman Church has today some sort of real connection with the spiritual world but one that is extraordinarily harmful for mankind. Therefore, we need not be surprised that it sees in the rise of modern spiritual science something which it wishes at all costs to get rid of, for, my dear friends, what is the effect of this new spiritual science? It brings about a consciousness of a prenatal life, of pre-existence. That may not be! Under no circumstances shall that happen! So spiritual science must be condemned; for spiritual science calls man's attention to his own being, makes him aware that he consists of body, soul, and spirit. Under no circumstances may that be; therefore, spiritual science must be condemned. People would see, for example, that the dogma of eternal damnation in hell is an Aristotelian consequence of the creation of the soul at physical birth. Suppose a Catholic theologian today studies the connection between Aristotle and Scholasticism and perceives that the Scholastics derived their proof of the origin of the soul together with the physical body from the philosophy of Aristotle! He would see behind the scenes of the origin of dogma. What is done to prevent this? The theologian is made to take the oath against Modernism. He is made to swear that it is part of his creed that he can never come to a historical conclusion contrary to dogmas which are given out from Rome. The fact that he has taken this oath works so strongly on his feelings that he is confused in his sober research and can never come to see that dogma is bound up with the historical evolution of humanity. Now things cannot remain in this state if the science of initiation arises, and therefore this science of initiation must under all circumstances be condemned.

Why am I telling you these things, my dear friends? So that you may not take the matter too lightly. For in our anthroposophical spiritual science, it is verily not a question of the sort of things which go on, for instance in the Theosophical Society. That the Theosophical Society is not to be taken seriously is clearly to be seen from the fact that one day it came to accept by a majority the whole farce of Krishnamurti as the reborn Jesus Christ of Nazareth. Such a comedy is only based on hypocrisy, even though this hypocrisy be taken seriously by many. But what should grow on the soil of Anthroposophy, of spiritual science, should be a search for truth, sincere through and through. It is therefore something which, as the Catholic Church is well aware, penetrates behind the scenes, to what must not be discovered if that church is to maintain the dominion in the world to which she lays claim.

All that I am now saying is simply to show you that these things may not be taken lightly. For it must be recognized that the Catholic Church has shown great foresight. Though the individual sheep follows the lead and merely obeys orders, though he may be ignorant of what this systematic lying means for the whole evolution of mankind — though the individual knows nothing and does as he is told, the

Lecture III

whole system is thoroughly well established, for the lying will be believed by large numbers.

On the other side there is the naïve belief that all the external fabrication of natural laws which today forms the subject of our university education can be of significance for the further development of humanity, that all that nonsense about the conservation of matter and energy can be of significance for the further development of mankind! Today people cannot even look with an unprejudiced eye upon the snow which is spread before them every winter (if they are living in the temperate zone), yet through the covering of the forces of growth by the snow crust one part of the earth goes through a complete transformation; and folk consciousness which speaks of the purity of the snow knows far more than our modern science which talks of the conservation of matter and energy. Of course, I can only say what I am now saying because I have spent many weeks in showing you how ill-founded are the modern laws of the conservation of matter and energy, how in fact in every human being matter and energy are destroyed, as they work up towards the head, and new matter and new energy arise. All these things are bound to be fiercely contested in some quarters, and the only thing which can help is for as many people as possible to become conscious of the present task of mankind — to be aware that the individual consciousness must lay hold of the world. It will do so, but it can either lay hold of the wisdom of the world or of the blind instincts. If it seizes hold of the blind instincts there will come about a completely antisocial condition, such as is now being prepared in Russia. That, my dear friends, will gradually evoke an antisocial condition against which the English or North American governments, not to speak of the French or any other, will be absolutely defenseless. It would be childish to believe that the English Parliament will be able to deal with what will then lay hold of humanity if the individual consciousness works merely by instinct. But there is one power which will be ready to deal with it, and that is the power of Rome. It is only a question of how it will be done. Rome can establish a dominion; it has the necessary means for this. Thus, the only real question is not whether Bolshevism or the Anglo-Saxon bourgeoisie will get the upper hand; the question is whether there will be antisocial chaos, Roman domination, or the resolve on the part of mankind to fill itself with that spirit which in 869 at the Council of Constantinople the western Church declared it heretical to recognize.

There is no other alternative than that mankind determines not to go on living in the way which is natural when there are only materialistic thoughts about the world. How does mankind live in a materialistic world? People earn their living in accordance with the fluctuations of the market; there is no other measurement for the social order. After that they may perhaps have a philosophy of life, as a sort of luxury, but only as a luxury. Those supposed to be still more profound say that one must raise oneself into the spiritual world and leave the evil material world behind; a really profound nature can have nothing to do with the material world; he must understand nothing about the

Lecture III

material world but become a mystic and live in the higher world! But even these profound natures as well as the less profound have children and have the notion that these children must "earn," that it would be very, very wrong if the children were not sent to schools where they would be trained in present-day methods of earning a living. Thereby they have already come to terms with the existing state of things; thereby they hand on this materialism to the next generation.

Now when someone talks like this, he is an inconvenient person, and it is best simply to revile him, for to hear what I have just been telling you is for most people as if they were being irritated by vermin. Now people do not like being irritated in this way by psychic vermin and so they cover themselves with a thick skin which makes them impervious to what spiritual science has to say about our present culture. It is on this side then that the naivety lies; and when the Catholic Church saw that people were becoming so one-sided, they took care to have people specially trained, and in this they really were indirectly guided by spiritual impulses. And the foundation of the Jesuit Order by Ignatius Loyola as a result of fundamental influences from the spiritual world is one of the most significant events of metahistory, and in it one has to do with a strong spiritual efficacy.

Now, my dear friends, we must, of course, among ourselves be able to speak frankly; hence I have been obliged to speak of the grand but questionable training of the Jesuits.

I also dealt with this theme in the cycle "From Jesus to Christ," which some misguided member has now delivered into the hands of a mudslinger and fabricator of nonsense. You know that in the Karlsruhe cycle I discussed the fundamental basis of Jesuit training. What, may I ask, is the use of stating in each cycle that it is printed as a manuscript for members only, when mudslingers have the cycle at their disposal and can use it for the preparation of all sorts of lies? This incident bears out in a remarkable way what I have already often said that the time would come when one could no longer count on these cycles being restricted to a small circle, for mankind is not at present fit to be entrusted with anything. Of course, everything written in that quarter is rubbish and untrue, but it is written not on the basis of my public writings, but of private cycles which have been passed on, and I have good reason to believe that one of the first cycles given into the hands of the Catholic clergy was that very Karlsruhe cycle on the Jesuits. For they on their part are not inclined to let the truth about Jesuit training be known. The world must know nothing of how Jesuits are trained; the world must know nothing of their powerful discipline.

Modern mankind in its simplicity is merely retarding its own consciousness. On the subject of the Jesuits there are absolutely no true ideas. There are numerous men within that Order of such spiritual capacity that if they were scattered about the world and did not spend their time in the way they do but were working at external science or painting or poetry, they would be honored as individual

Lecture III

geniuses; they would be recognized as the great minds of mankind. Within the Jesuit Order there are countless men who would be great lights if they were to appear as individuals and were busy with something different — with, for instance, materialistic science. But these men suppress their very names; they submerge themselves in their Order, and one of the conditions of their strength is that the world should know nothing of the way in which many a head, clothed in black cassock and Jesuit cap, has been trained.

These things are intended to show you how fundamentally different the whole form of consciousness is in different categories of human beings. But our modern simpletons, who consider themselves enlightened, will not take these things seriously. That must be emphasized again and again, and that, my dear friends, is what I had to speak to you about today.

Now for the next two weeks while I am away, we can have no more lectures here. In conclusion to what I have said, partly in public, partly in these private lectures, I had to add all that I have said here today in order that you should not ignore the importance of this misuse of our lecture cycles by our own members.* Of course, when the cycles were given, I thought I had to do with people who would respect the undertaking which in a certain sense they had been given. But I was mistaken, and it is quite clear from the rubbish that appears in articles today who has all the cycles at his disposal!

* All of Rudolf Steiner's lectures have now been published and are in the public domain. [Ed.]

Lecture III

THE ROMAN CATHOLIC CHURCH

La Iglesia Católica Romana

por Rudolf Steiner

Conferencia I

Dornach, 30 de mayo de 1920

Mis queridos amigos,

Para avanzar un poco más en nuestra comprensión espiritual de las cosas, necesitaremos, cada vez más, dirigir la atención hacia ciertos hechos históricos. Durante las últimas décadas nuestros miembros han llevado una vida agradable, dedicados enteramente a la adquisición de conocimiento a través de las conferencias y los debates que se han llevado a cabo en distintos lugares. Sin embargo, esto ha creado un muro impenetrable, tras el cual ha habido, en muchos casos, una gran renuencia a dirigir la mirada hacia fuera, hacia lo que estaba ocurriendo en el mundo exterior. Pero, si queremos ver lo que pasa en el mundo con la mirada correcta, si no deseamos fundar una secta sino un movimiento histórico –algo que ningún otro movimiento más que el nuestro puede ser–, entonces necesitamos conocer los antecedentes históricos de lo que tenemos a nuestro alrededor en el mundo. Y el modo en que nosotros mismos somos tratados, especialmente aquí en este lugar, donde nunca hemos hecho nada que fuera en lo más mínimo agresivo, hace que sea doblemente necesario que miremos realmente por encima del muro y que comprendamos algo de lo que está ocurriendo en el mundo. Por ello, quisiera combinar lo que voy a decir en los próximos días con algunos comentarios sobre la historia, para señalar ciertos hechos sin cuyo conocimiento no podremos realmente avanzar aquí.

Hoy, ante todo, quiero señalar una cosa. Como ustedes saben, hacia el comienzo del último tercio del siglo XIX algo se afianzó en los diversos países civilizados de Europa y América, algo que se conoció como concepción realista de la vida, una concepción de la vida que estaba basada esencialmente en los logros del siglo XIX y en los que habían preparado el camino para dicho siglo. A comienzos del último tercio del siglo XIX, en todos lados se hablaba de manera totalmente diferente, el tono subyacente era diferente de lo que llegó a ser en las décadas finales, y más aún en las décadas del siglo XX. Las formas de pensamiento dominantes en amplios círculos se volvieron durante ese tiempo esencialmente diferentes. Hoy voy a mencionar sólo un ejemplo. A comienzos del último tercio del siglo XIX prevalecía entre la gente ilustrada la creencia de que el ser humano debía formar sus propias convicciones a partir de su propio ser interior, sobre las cuestiones más importantes de la vida; y que, aunque ayudado por los descubrimientos de la ciencia, así lo haga, una vida social en común es, no obstante, posible en el mundo civilizado. Existía, por así decirlo, una especie de dogma, pero un dogma libremente reconocido en los más amplios círculos, de que, entre las personas que habían alcanzado un cierto grado de cultura, la libertad de conciencia era posible. Es cierto que en las décadas siguientes nadie tuvo el valor de atacar este dogma abiertamente; pero había una oposición más o menos inconsciente al mismo. Y en el momento actual, tras la gran catástrofe mundial [la Primera Guerra Mundial], en el acto este dogma es algo que se reprime, que se anula en los más amplios círculos, aunque, por supuesto, sea de manera más o menos disimulada. En los años sesenta del siglo XIX, prevalecía en los más amplios círculos la creencia de que el ser humano debe tener cierta libertad en todo lo concerniente a su religión. Naturalmente, el surgimiento de dicha creencia fue advertido en ciertos ámbitos, y ya he señalado cómo, el 8 de diciembre de 1864, Roma lanzó un ataque contra la misma. Con frecuencia les he referido la manera en que Roma procedió con todo ese movimiento, cómo en la

[Encíclica Papal de 1864](https://www.papalencyclicals.net/Pius09/p9quanta.htm),

que apareció al mismo tiempo que el

[Syllabus](https://www.ccel.org/ccel/schaff/creeds1.vi.ix.html), se dice expresamente que: "La idea de que la libertad de conciencia y de religión le es conferida a cada ser humano como derecho propio es un delirio, un disparate."

En momentos en que Europa experimentaba el apogeo — un apogeo provisorio — de esta concepción libertad de conciencia y de religión, Roma declaró oficialmente que se trataba de un disparate.

Sólo quiero señalarles esto como hecho histórico. Y, al hacerlo, quiero llamarles la atención sobre lo que sucedía en momentos en que, para un gran número de personas, había surgido esta pregunta que requería una respuesta desde las fuentes mismas de la conciencia humana –la pregunta de "¿Cómo avanzamos nosotros como seres humanos en nuestra vida religiosa?" Esta pregunta, planteada con profunda seriedad y de tal manera que demostraba realmente la participación de las conciencias, era una pregunta de gran significación en esa época. Me gustaría leerles algo que ilustra cómo preocupaba a la gente culta de la época.

Existen discursos de Rumelin — a quien mencioné recientemente en relación con Julius Robert Mayer y la Ley de la Conservación de la Energía — pronunciados en el año 1875, es decir, en el mismo período al que me estoy refiriendo. En ellos analiza las dificultades que experimenta la humanidad precisamente en esto de avanzar en el estudio de las cuestiones religiosas. Señala también cuán necesario es observar estas dificultades con una visión clara. Quien tenga un conocimiento íntimo de este período sabe que las palabras de Rumelin que se citan más abajo expresaban la convicción de muchos cientos de personas. Naturalmente no es necesario que aboguemos por la forma particular de ciencia que surgió en esa época; en tanto somos antropósofos, estamos equipados para desarrollar más allá esos senderos científicos, con una clara percepción de sus relativos errores; y también estamos equipados para reconocer que, si la ciencia permanece estacionaria en ese punto, no podemos en absoluto avanzar más allá con ella. En los más amplios círculos surgieron opiniones sobre muchos puntos relacionados con la religión, y debemos hoy recordar estas opiniones. Los pensamientos de miles de personas de esa época fueron expresados por Rumelin en 1875 con las siguientes palabras:

"En todos los tiempos ha existido, por cierto, una línea de demarcación entre el conocimiento y la creencia, pero nunca ha habido entre ellos un abismo tan infranqueable como el que constituye hoy el concepto de milagro. La ciencia se ha vuelto tan fuerte en su propio desarrollo, tan consistente en sus diversas ramas y tendencias, que, sin contemplaciones, echa por la ventana a los milagros de cualquier tipo. Reconoce solamente el milagro de todos los milagros: que existe un mundo y sólo ese mundo. Pero rechaza absolutamente toda aseveración de que dentro del cosmos la interrupción de su orden o de sus leyes sea concebible o de algún modo deseable por sobre su inmutable validez. Y es que para todas las ciencias histórico-naturales y filosóficas, el milagro con todas sus implicaciones es un disparate, un atropello liso y llano contra toda razón y contra las bases más elementales del conocimiento humano. La ciencia y el milagro son tan opuestos como la racionalidad y la irracionalidad."

Cuando, hacia fines del siglo XIX y comienzos del XX, comencé a hablar sobre ciertas cuestiones antroposóficas en conferencias públicas, existía todavía un último eco del clima que acabo de describir. No sé si hay muchos aquí que siguieron estas primeras conferencias mías, pero en muchas de ellas señalé los problemas de las repetidas vidas terrenales y del destino de los seres humanos en su paso por una vida tras otra. Ahora bien, ustedes notarán que, al tratar sobre estos problemas, yo siempre señalaba justo al final de la conferencia que si uno cree en la vieja idea aristotélica de que cada vez que una persona nace se crea una nueva alma que tiene que ser implantada en el embrión humano, se establece ahí un milagro para cada una de las vidas. El concepto de milagro sólo se puede superar en un sentido justificado si uno acepta la reencarnación, con lo cual cada vida individual puede ser conectada con la anterior vida terrena sin milagro alguno. Todavía recuerdo bien que concluí una de mis conferencias en Berlín con estas palabras: "Vamos a superar de manera correcta esa cosa tan importante, el concepto de milagro."

Desde entonces, por supuesto, las cosas han cambiado en todo el mundo civilizado. Eso es ante todo un hecho histórico, pero encierra algo que es para nosotros de sumo

Conferencia I

interés. Y es que, en la medida en que el hombre pierde la capacidad de ver lo espiritual en el mundo, de explicar el mundo natural que lo rodea por medio del espíritu, en esa misma medida debe colocar un mundo especial junto al de la naturaleza y al mundo ordinario, un mundo que tiene como contenido el mundo del milagro. Cuanto más se apoya la ciencia natural en la mera casualidad, más se ve empujada la vida del sentimiento humano, como reacción absolutamente natural, a aceptar el concepto de milagro. Cuanto más continúe la ciencia natural en su línea actual, más numerosos serán los que busquen refugio en una religión que incluya los milagros. Por eso hoy tantas personas abrazan el catolicismo, porque simplemente no pueden soportar la visión científico-natural del mundo.

Tomemos algunas líneas que leí antes y comparémoslas con lo que se ha dicho aquí en conferencias recientes, y veremos de inmediato cuál es la cuestión. En esa exposición Rumelin dice lo siguiente: "Reconoce solamente el milagro de todos los milagros: que existe un mundo y sólo ese mundo. Pero rechaza absolutamente toda aseveración de que dentro del cosmos sea concebible o de algún modo deseable la interrupción de su orden o de sus leyes por sobre su inmutable validez." Por consiguiente, uno concibe el milagro primigenio, que el cosmos haya surgido, pero luego, dentro de ese cosmos, uno estudia las leyes de la indestructibilidad de la materia y de la conservación de la energía, y a partir de ahí todo se sucede con cierta inevitabilidad, fatalmente, por así decirlo.

Esa concepción del mundo es insostenible, pero sólo puede ser superada a través del conocimiento que intenté presentarles la semana pasada, cuando les señalé que las leyes de indestructibilidad de la materia y de la conservación de la energía constituyen un error, y ese error es lo que, más que nada, se debe combatir enérgicamente en nuestro tiempo. No se trata meramente de una continua conservación del universo, sino también de su continua destrucción y renacimiento. Y si no instituimos la idea del continuo surgimiento y deceso en el universo, nos vemos obligados, puesto que somos humanos, a postular un mundo especial a la par del universo, un mundo que no tiene nada que ver con las leyes de la naturaleza postuladas con tanta parcialidad, y que tiene que incluir a los milagros. Ese concepto injustificado de milagro solamente será superado en la medida en que comprendamos que todo en el mundo se encuentra dentro de un orden espiritual en el que no nos encontramos ya con la férrea inevitabilidad de la naturaleza sino con una guía cósmica plena de sabiduría. Cuanto más fijamos la mirada en el mundo espiritual y en lo que adquirimos a través de la ciencia espiritual, más nos damos cuenta de que lo que hoy nos presenta la ciencia natural necesita ser impregnado por el conocimiento espiritual. Por ello, nuestra tarea debe ser cada vez más dirigir nuestra atención hacia todas las ciencias y hacia todas las esferas de la vida de una manera tal que ellas se impregnen de lo que sólo la ciencia espiritual puede revelar. La medicina, la jurisprudencia y la sociología deben todas ser impregnadas por lo que se puede conocer y ver a través de la ciencia espiritual. La ciencia espiritual no necesita ninguna organización similar a la de las viejas iglesias, puesto que apela a cada individuo; y cada individuo, desde su propia conciencia interior, por medio de su propio vigoroso entendimiento, puede corroborar los resultados de la investigación científico-espiritual, y puede abrazar en ese sentido la ciencia espiritual. La ciencia espiritual ofrece algo que apela directamente a cada individuo en la búsqueda de la verdad. Es la verdadera consumación de lo que las personas estaban buscando en el último tercio del siglo XIX: la verdadera libertad –libertad en su concepción del mundo, en su investigación e incluso en sus opiniones. Esa es la tarea de la ciencia espiritual – respetar los reclamos genuinos y justificados de la humanidad actual. De ahí que, para la ciencia espiritual, no existan los dogmas inamovibles, sólo la investigación sin restricciones, que no se retrocede con temor ante las fronteras del mundo espiritual ni las del mundo de la naturaleza, sino que hace uso de aquellos poderes humanos de cognición que deben ser extraídos primero de las profundidades del sentir humano, así como también de las fuerzas que nos llegan simplemente a través de la herencia y de la educación.

Esta tendencia básica de la ciencia espiritual es lógicamente una espina clavada en la carne para aquellos que tienen el mandato de enseñar según un objetivo fijo, dogmático y restringido. Y esto nos refiere a un hecho de considerable preocupación para la ciencia espiritual, y que es una de las esclarecedoras circunstancias que hacen posible la espuria lucha contra nosotros en la actualidad. Nos refiere a algo que es el resultado de lo que se inició en 1864 con la Encíclica y el Syllabus de ese momento; y nos refiere también al hecho de que, por la Encíclica del 8 de septiembre de 1907,

Pascendi Dominici gregis
https://www.vatican.va/holy_father/pius_x/encyclicals/documents/hf_p-x_enc_19070908_pascendi-dominici-gregis_en.html,

que produjo un corte profundo en la vida moderna, la totalidad del clero católico y especialmente el clero docente fueron obligados a hacer el denominado juramento contra el modernismo. Este juramento significa que todo sacerdote o teólogo católico que enseñe desde el púlpito o desde el estrado está obligado a aceptar la concepción de que ningún conocimiento de cualquier tipo puede contradecir lo que ha sido establecido como doctrina por la Iglesia de Roma. Esto quiere decir que todo sacerdote católico que enseñe o predique es alguien que ha prestado juramento de que toda verdad que pueda arraigarse en la humanidad debe concordar con lo que Roma convalida como verdad. Fue poderoso el movimiento que sacudió al clero católico cuando apareció esta Encíclica Pascendi Dominici gregis, ya que todo el mundo civilizado, inclusive el clero, había sido influenciado en alguna medida por el clima que he descrito como característico del último tercio del siglo XIX. Siempre hubo algunos miembros del clero que trataron de llevar cierta libertad al catolicismo.

Conferencia I

Digo abiertamente que durante los años sesenta del siglo XIX existían, en un amplio sector del clero católico, semillas de desarrollo de la doctrina católica que, si hubieran llegado a ser una ciencia libre, podrían haber conducido, en gran medida, a una liberación de la humanidad del presente. Había semillas muy promisorias en lo que se intentó hacer en diversas esferas del clero católico. (Algún día tenemos que ocuparnos de esto en mayor detalle. Hoy sólo quiero llamarles la atención sobre el tema.) Y fue directamente contra esta tendencia dentro de la Iglesia que se promulgó la Encíclica de 1864 con su Syllabus, y comenzó así aquel conflicto que llegó a su fin en ese momento con el Juramento Antimodernista. Me permito decir que, incluso hasta llegado el año 1907, había, en el subconsciente de muchos miembros del clero católico, indicios de una rebelión interior. Pero, dentro de la Iglesia Católica, la rebelión es algo que no existe. Allí la cuestión era machacar incesantemente el axioma de que lo que Roma promulga como doctrina debe ser aceptado. Entonces los que estaban obligados a seguir enseñando tuvieron que llegar a un compromiso con aquello que no tenían el coraje de negar: la libertad de la ciencia. Bajo la influencia de lo que había surgido en el último tercio del siglo XIX, la libertad de la ciencia se había convertido en un lema familiar, lema que, incluso en círculos liberales, a menudo no llegó a ser más que eso; pero así y todo era un lema familiar y hasta los católicos ilustrados carecían del coraje de decir que romperían definitivamente con la libertad científica. Así pues, se vieron en la tarea de probar que sólo se puede enseñar lo que Roma reconoce como doctrinalmente válido (sobre esto tenían que prestar juramento) y que la libertad de la ciencia es compatible con ello. Quisiera leerles algunas líneas que ilustran este método de comprobación, pertenecientes al teólogo católico Weber de Friburgo, que aparecen en el libro titulado *La doctrina católica y la libertad de la ciencia*. Allí Weber trata específicamente de probar que, aunque alguien esté obligado por juramento a enseñar sólo el contenido de lo que Roma le indica enseñar, puede no obstante continuar siendo libre como científico. Después de argumentar extensamente que incluso las matemáticas son algo que nos es dado y que uno no renuncia a la libertad de la ciencia por el hecho de estar sujeto a las verdades de las matemáticas, pasa a demostrar que uno no renuncia a su libertad por estar obligado a enseñar como verdad lo que le es dado por Roma. Y, entre otras cosas. dice lo siguiente: "Un científico está sujeto a métodos específicos de explicación y comprobación; así como la obligación de reintegrarse a su regimiento a determinada hora no le quita al soldado su libertad, puesto que puede hacerlo a pie o en carruaje, por tren lento o expreso, de la misma manera el profesor sigue siendo libre en su tarea científica a pesar de su juramento."

Eso significa que uno está obligado a enseñar un cuerpo de doctrina determinado y a probar sólo ese cuerpo de doctrina; en cuanto a cómo hacerlo, uno es libre. Tan libre como el soldado que ha jurado presentarse a su regimiento a cierta hora y que puede viajar a pie o en carruaje, por tren lento o expreso. Uno debería preguntarse en qué termina ese

Conferencia I

ir a pie o en carruaje, en tren lento o expreso. En todos los casos termina necesariamente con el reintegro al regimiento. No estoy haciendo polémica, simplemente estoy citando un hecho histórico.

En el transcurso de los siglos anteriores y culminando en el último tercio del siglo XIX, se había ido desarrollando gradualmente en amplios círculos del mundo ilustrado un clima que parecía muy prometedor. Pero todo eso está ahora adormecido; las almas se han dormido. Los que conservan el estado de ánimo de esa época son ahora obviamente muy viejos, se cuentan entre los viejos liberales descartados, y los que fueron jóvenes durante las últimas décadas no han estado atentos a los importantísimos reclamos de la humanidad. Por ello, para que la declinación no continúe aún más, tenemos que incitar a la juventud de hoy a actuar de manera distinta. La generación que vivió en la década del sesenta durante el siglo XIX pudo convertirse en una generación de liberales, pero no fue capaz de proporcionar una educación liberal. Para ello habría tenido que dominar el concepto de milagro de una manera totalmente diferente a la adoptada por la ciencia natural. Para ello el concepto de milagro tendría que ser superado por el espíritu y no por el orden mecánico de la naturaleza. Y así, mientras que ese estado de ánimo descendió sobre la humanidad como una suerte de sueño, quienes obraron en su contra estaban bien despiertos, y fue de su conciencia despierta que surgieron cosas tales como la Encíclica y el Syllabus del año 1864, con sus ochenta errores numerados en los que ningún católico debe creer. En estos ochenta errores se encuentra todo lo que implica una concepción moderna del mundo. Ahora una vez más vuelve a surgir de la conciencia absolutamente despierta el último logro inevitable: la Encíclica del año 1907, que culmina en el Juramento Antimodernista. Esta gente no sólo ha estado despierta desde el último tercio del siglo XIX, sino que desde mucho tiempo antes ha estado trabajando de manera radical, vigorosa e intensiva, y lo que ha logrado es lo que yo llamaría la concentración de todo el catolicismo en Roma — la supresión de la libertad en el catolicismo, la más libre de todas las iglesias; pues en su naturaleza esencial la Iglesia Católica es capaz de la mayor libertad. Quizás a ustedes los sorprenda que diga tal cosa. Pero vayamos un poco hacia atrás desde nuestra iluminada liberación de la autoridad hasta el siglo XIII, sobre el que hemos hablado recientemente en conferencias públicas. Quisiera recordarles, en relación con esto, un documento del siglo XIII, cuando el catolicismo en Europa estaba en pleno florecimiento.

Este documento tiene que ver con la cuestión del nombramiento por parte de Roma de

[Albertus Magnus](https://en.wikipedia.org/wiki/Albertus_Magnus)

— uno de los fundadores del escolasticismo — como Obispo de Ratisbona. Este nombramiento a uno de los obispados más importantes exaltó de gran manera la dignidad de un Dominico que hasta ese entonces había apenas sentado las bases de su reputación por medio de numerosos escritos importantes y de una vida piadosa dedicada a los asuntos de su Orden. No necesito decir que en la Iglesia Católica actual no podrían existir dos opiniones diferentes. Hoy la Iglesia Católica es un organismo compacto, y ha llegado a serlo a través de una transformación absoluta. En cambio, cuando Albertus Magnus estaba por ser nombrado Obispo de Ratisbona, el Superior de su Orden le envió una carta que decía algo así como: "El Superior de la Orden le suplica a Albertus Magnus que no acepte el obispado, que no inflija tal mancha a su buen nombre ni a la reputación de su Orden. No debe someterse a los deseos de la Corte Romana, donde las cosas no se toman en serio. Todos los buenos servicios que hasta ahora ha prestado a través de su vida piadosa y de sus escritos estarían en peligro si se convirtiera en obispo y se viera involucrado en los asuntos que como obispo tendría que manejar; no debe sumir a su Orden en tan profunda pena."

Queridos amigos, en esa época había voces en la Iglesia que hablaban de esa manera. En esos tiempos las Iglesia Católica no era una masa compacta; en esa Iglesia era posible verse sumido en una profunda pena si alguien era elegido para un cargo que sabía que Roma no tomaba en serio. En las biografías de Tomás de Aquino se menciona repetidamente que rechazó el cargo de Cardenal. Hoy les estoy dando algunos de los motivos reales por los que lo hizo; en las biografías encontrarán sólo la mención del rechazo. ¡No es fácil mencionar los motivos después de haberlo convertido en filósofo oficial de la Iglesia!

Pero me gustaría traducir literalmente una frase de la carta a la que me he referido, del Superior de la Orden a Albertus Magnus: "Preferiría saber que mi querido hijo está en la tumba antes que en el trono Episcopal de Ratisbona."

Queridos amigos, no basta con hablar de la edad de las tinieblas y compararla con nuestra propia época, en la que se supone que hemos alcanzado tan magnífico progreso; más bien, si queremos elaborar ideas, debemos conocer algunos datos históricos de cómo se han desarrollado las cosas en el transcurso del tiempo. Sin duda ustedes saben que la influencia jesuita está detrás de muchos de los ataques en contra nuestra. Saben, por ejemplo, que las mentiras más flagrantes provinieron de los Jesuitas — por ejemplo, la acusación de que yo alguna vez había sido sacerdote y luego había dejado los hábitos. Y saben también que, unos años después, la persona que había proclamado esa mentira no pudo pensar en otra cosa para decir salvo que esta hipótesis ya no era sostenible. En el parlamento austriaco, un legislador llamado Walterkirchen le gritó en una ocasión a un ministro: "Si un hombre ha mentido una vez, después nadie le cree, aunque diga la verdad." El jesuitismo está detrás de todas estas cosas; se pueden señalar muchas cosas que crecen en el suelo del jesuitismo, pero, también sobre esto, hoy sólo quiero referirme a un hecho histórico.

Conferencia I

Es un punto fundamental de las normas jesuitas rendir absoluta obediencia al Papa. Ahora bien, en el siglo XVIII hubo un Papa que suprimió a la Orden Jesuita irrevocablemente para toda la eternidad –literalmente para toda la eternidad. Si los Jesuitas se hubieran mantenido fieles a sus propias normas, no habrían, por supuesto, vuelto a aparecer en escena nunca más. Sin embargo, no desaparecieron, sino que buscaron refugio en países donde en ese tiempo había soberanos menos favorables a Roma, soberanos que pensaban que ayudando al jesuitismo podrían ayudar al futuro, no al futuro de la humanidad sino al suyo propio y al de sus sucesores. Así pues, la Orden Jesuita fue salvada por dos monarcas: Federico II de Prusia y Catalina de Rusia. En los países católicos romanos, no se le reconocía validez a la existencia de la Orden Jesuita. Los jesuitas de hoy le deben a Federico de Prusia y a Catalina de Rusia el haber podido sobrevivir a ese período en el que fueron perseguidos por Roma. No estoy generando una polémica, simplemente estoy exponiendo hechos históricos. Estos hechos históricos son completamente desconocidos para la mayoría de las personas, y es necesario que los tengamos presentes, puesto que no debemos seguir siendo una secta que ha levantado un muro a su alrededor. Debemos observar lo que nos rodea y aprender a entenderlo. Ese es nuestro indudable deber si deseamos ser fieles al movimiento en el que manifestamos vivir.

Uno de los peores y más dañinos signos de esta época es que la gente se preocupe tan poco por los hechos y que no se sienta inclinada a preguntarse cómo han llegado a suceder, a preguntarse de dónde viene la actual revuelta en contra nuestra, desde qué fuente se la está alimentando. Hoy se oyen cada vez menos ideas como las que nacían del clima que caractericé como el clima del último tercio del siglo XIX. Es realmente increíble lo poco que los seres humanos de hoy saben sobre lo que sucede en el mundo, puesto que permanecieron dormidos durante el suceso de la Encíclica "Pascendi Dominici gregis" del 8 de septiembre de 1907, por la cual el juramento contra el modernismo le fue impuesto al clero católico. Ya no se oyen voces como la que con seguridad hubiera levantado un hombre como el Superior de los Dominicos, que prefería ver a su amado hijo en la tumba antes que en el trono episcopal de Ratisbona. En su lugar, se escuchan hoy en día voces que explican que alguien puede continuar siendo un científico libre si jura que puede usar cualquier método que quiera para probar lo que enseña; no importa si viaja por tren lento o expreso, en carruaje o a pie.

¡Qué piruetas debe hacer la lógica si se da cabida a tales pruebas! No es necesario explayarme sobre esto. Pero la mayoría de la gente no tiene idea del poder que encierra lo que en la actualidad se dirige contra nosotros — nosotros que jamás hemos atacado a nadie —, ni de lo que ese poder significa. No basta con decir que estas cosas son realmente demasiado estúpidas para ser tenidas en cuenta. Pues en las aseveraciones que constantemente se hacen sobre nosotros, se podrán encontrar sólo dos cosas que se pueden afirmar con verdad. Por ejemplo, cuando se le reprochó a "Spectator" que hubiera dicho que su fuente era un libro, el "Registro Akáshico," y se le dijo que seguramente se había tratado de una mentira deliberada ya que él debía haber sabido que no podía tener el "Registro Akáshico" en su biblioteca, él trató de salir del paso de la siguiente manera: "Primero, permítanme decir que en nuestro segundo artículo se deslizó un error de imprenta: Registro Akáskico en lugar de Registro Akáshico. Este error fue advertido con regocijo por el Dr. Boos. Parece que no deja que pase el mosquito, pero se traga el camello. En el mismo artículo hay otro error de impresión: ¡donde dice Apollinaris debe leerse, por supuesto, Apolonio de Tyana! ¡Esto el Dr. Boos lo ha pasado por alto –quizás intencionalmente!"

Ahora bien, queridos amigos, si se hubiera dejado Registro Akáskico, yo no habría objetado, puesto que se podía tratar de un error de imprenta. Y podría incluso llegar a aceptar que un hombre del calibre intelectual como el que demuestra el artículo pudiera escribir Apollinaris en lugar de Apolonio de Tyana. ¡Ni siquiera le recrimino que cite como una de nuestras fuentes a alguien que él apoda con el nombre de Apollinaris! Pero, queridos amigos, hay que calificar como total falsedad que se sostenga que el Registro Akáshico es algo de lo que injustificadamente se hace provenir a la Antroposofía como si se tratara de un libro antiguo. ¿Cómo se zafa de esto el caballero? No admite que haya algo que reprocharle. Dice: "Este Registro Akáshico es un legendario escrito secreto que contiene vestigios de las verdades eternas de toda la sabiduría ancestral; tiene una función similar a la del críptico libro *The Stanzas of Dzyan* que Madame Blavatsky dice haber encontrado en una cueva del Tibet," etc., etc. De esa manera le deja en claro a su rebaño que él puede hablar sobre este Registro Akáshico como sobre cualquier otro registro que se haya escrito; y naturalmente le creen. Pero quiero señalar dos cosas. Una es su afirmación: "Steiner considera que ha brindado un gran servicio al rejuvenecer al budismo y enriquecerlo con la introducción de las doctrinas de reencarnación y karma, sus propias especialidades."

Huelga decir que jamás hice tal afirmación, ni una sola oración de lo publicado hasta ahora es cierta, o a lo sumo una cosa sí lo es, una cosa que tal vez siempre les causará un dolor de cabeza a los que escriben en ese tenor. La única cosa que puede ser considerada de alguna manera cierta se encuentra en el párrafo que dice: "Los gnósticos también profesaban una doctrina esotérica y dividían a los hombres en los Hyliker (la gente común) y los Pneumatiker (teósofos) en los que se encontraba la plenitud del espíritu y entre los que, por lo tanto, prevalecía un conocimiento (una iniciación) superior. Estos últimos se abstenían de la carne y del vino."

Esta frase: "se abstenían de la carne y del vino" es la única de la que se puede decir que, en la forma en que aquí aparece, es estrictamente cierta; y la doctrina que ella representa es para muchos incómoda. Pero luego este caballero (pues parece que quiere ser considerado un caballero) agrega más adelante: "Eso, sin embargo, no es cierto." ¿Qué no es cierto? "El budismo habla de la migración de las almas; Steiner, de la reencarnación; ambas son lo mismo. Según esta teoría, Cristo no es otro que el Buda reencarnado, o Buda reaparecido. Ya sea que se diga que una persona se reencarna o bien que su vida terrenal se repite, se trata de la misma cosa. Todos estos largos argumentos revelan la sofistería de Steiner y su supuesta mente científica."

Les ruego que noten que verdaderamente uno de los hechos más maliciosos de deshonestidad posibles ha sido consumado de dos formas. Se ha eliminado toda posibilidad de permitir a los lectores juzgar por sí mismos cuál es la verdad. Hasta el día de hoy, en todos estos largos artículos, no se ha tenido para nada en cuenta la respuesta del Dr. Boos al primer ataque, en la que menciona, creo, veintitrés mentiras. El otro hecho de deshonestidad se encuentra en la siguiente oración: "Este camino es, sin embargo, no falso sino correcto." Previamente había dicho un montón de tonterías sobre la voluntad, y luego continúa diciendo: "Este camino es, sin embargo, no falso sino correcto, pues las afirmaciones de Cristo están basadas en la voluntad. Cristo mismo dice: *He venido al mundo para hacer la voluntad de mi Padre.*"

Por lo tanto, ya no es lícito decir que se trata de una cuestión de iniciativa espiritual ni nada por el estilo. Luego continúa diciendo: "Este pequeño ejemplo demuestra lo apartado que está Steiner del verdadero impulso cristiano, y prueba que para él Cristo no puede ser la ley divina (el Camino, la Verdad y la Vida) sino tan sólo el 'hombre sabio de Nazaret,' o en lenguaje teosófico, Jesu ben Pandira o Gautama Buda."

Pues bien, comparen eso con todo lo que aquí hemos dicho para refutar la actual concepción teológica de que en el Cristo Jesús sólo hay que ver al hombre sabio de Nazaret. ¡Piensen en todo lo que se ha dicho en este lugar contra esta teoría materialista! No obstante, aquí somos calumniados, por nuestros vecinos más próximos, y lo que incesantemente he refutado se divulga afuera como mi propia opinión. Les pregunto ¿es posible mayor falsedad? ¿Puede existir método más deshonesto que este? No basta con reconocer la estupidez de estas cosas pues se darán cuenta cada vez más de los efectos reales de tales tácticas. Por ello, es esencial que nosotros aquí no permanezcamos dormidos ante estas cosas, sino que las entendamos con toda seriedad, ya que hoy realmente no se trata de una pequeña comunidad local, sino que es una gran cuestión humana; y esta gran cuestión humana debe ser claramente advertida. Es una cuestión de la verdad y la falsedad. Estas cosas se deben tomar con seriedad.

Queridos amigos, estas observaciones han de continuar aquí el próximo jueves a la misma hora y, como ha ocurrido hoy, algunos ejercicios de euritmia precederán a la conferencia. Después quiero aprovechar la oportunidad, tal vez el próximo sábado, de dar una conferencia pública desde esta plataforma, sin polémica, una conferencia puramente histórica que muestre los antecedentes históricos de todo lo que precedió y condujo a la Encíclica papal "Pascendi Dominici gregis" de septiembre de 1907, y los resultados que se derivaron de ella. Así pues, de ser posible, trataremos de organizar una conferencia pública aquí el próximo sábado. El próximo jueves habrá una suerte de continuación del tema de hoy, en que profundizaremos y veremos en particular lo que la misma vida espiritual tiene para decir ante lo que está sucediendo hoy en día.

Conferencia II

Dornach, 3 de junio de 1920

Es mi intención hoy continuar con el tema que comenzamos aquí el domingo pasado y me gustaría, en primer lugar, volver sobre las palabras que dije en esa oportunidad con respecto al Juramento Antimodernista. Me referí a su naturaleza diciendo que, desde que fue instituido, cualquiera que desempeñe una función docente dentro de la Iglesia Católica Romana, ya sea como teólogo o predicador, tiene que prestar este juramento que prohíbe a cualquiera que se dedique a la enseñanza católica desviarse de lo que la Iglesia Católica Romana reconoce como verdad dogmática — es decir, en realidad, lo que la Curia Romana reconoce como dogma.

Ahora bien, ante este hecho la pregunta importante que uno debe hacerse es: ¿Qué hay, en verdad, de nuevo en este Juramento Antimodernista?

No hay nada nuevo en la adhesión de un predicador o de un teólogo católico a las doctrinas de la Iglesia Católica Romana; por favor, que eso quede claro. Lo que es nuevo es que la persona en cuestión tiene que jurar su adhesión con respecto a cuál es la doctrina de la Iglesia. Quiero que tengan esto en claro en primer lugar y que luego lo vean en relación con el hecho de que ha habido una prodigiosa acumulación de acontecimientos históricos en la Iglesia Católica Romana durante los últimos cincuenta años. Comenzó con la definición del

Dogma de la Inmaculada Concepción
https://en.wikipedia.org/wiki/Immaculate_Conception;

a continuación, se dio un nuevo paso extraordinario, sutil e ingenioso, con la Encíclica y el Syllabus de los años sesenta, en los cuales el Papa Pío IX en sus ochenta Artículos, declaró herético a todo el pensamiento moderno. Encima de eso vino luego la definición del

Dogma de Infalibilidad
https://en.wikipedia.org/wiki/Papal_infallibility,

de nuevo un avance muy importante y extraordinariamente hábil y sutil. El siguiente paso, sumamente lógico, fue la Encíclica "Acterni Patris," que declaró a la doctrina de Tomás de Aquino doctrina oficial de la Iglesia Católica Romana. La culminación de toda esta estructura es, por el momento, este juramento contra el modernismo, que, de hecho, no es nada más que la transferencia a la esfera de la emoción humana, la esfera de la voluntad y del sentimiento, de algo que siempre estuvo presente de manera intelectual. Aquello que siempre debía ser reconocido, ahora, desde el año1907, tiene también que ser aceptado bajo juramento.

Quien comprenda este acontecimiento sensacional y dramático seguramente no subestimará su importancia, pues revela la única conciencia despierta dentro de nuestra dormida civilización. Me interesaría saber cuántos se sintieron como si los hubiese picado una víbora al leer cierta

Conferencia II

oración en el último número del "Basler Vorwarts," que ilumina como con un relámpago toda la situación del momento actual. ¡Realmente me gustaría saber cuántos, al leer esto, se sintieron como picados por una víbora! La oración dice:

"La religión, que representa un fantástico reflejo de las mentes de los seres humanos en lo que concierne a sus relaciones entre sí y con la naturaleza, está condenada a la descomposición natural por medio del victorioso desarrollo de la comprensión científica, clara y naturalista de la realidad que está destinado a producirse paralelamente con el establecimiento de una sociedad planificada."

Esta oración se encuentra en un artículo que todavía no ha aparecido en su totalidad, sino que aún debe ser concluido. Se encuentra en un artículo sobre las medidas tomadas por Lenin y Trotsky contra la Iglesia Católica rusa y las comunidades religiosas rusas en general. Este artículo es al mismo tiempo una indicación de lo que se considera como programa para el futuro.

Uno sabe con certeza que el número de opositores de Lenin que se sienten como picados por una víbora al leer tal oración es muy pequeño. Quiero enfatizar esto como algo que no carece de importancia, porque pone de manifiesto en qué medida la humanidad actual presta poca atención a las cosas, está dormida, por lo general – cómo pasa por alto hechos de la mayor importancia, hechos que son decisivos para la vida de la humanidad sobre esta tierra. La cuestión no es, por supuesto, esta oración en particular, u otra por el estilo; el punto es que en ciertos ámbitos se ocuparán de que el contenido de lo que en ella se expresa sea conocido en todo el mundo, que en los más amplios círculos de la población europea surja una visión que se puede expresar de la siguiente manera: "La religión, que representa un fantástico reflejo de las mentes de los seres humanos en lo que concierne a sus relaciones entre sí y con la naturaleza, está condenada a la descomposición natural." La denominada humanidad "ilustrada" de la actualidad permanece profundamente dormida ante el hecho de que tal visión se aproxima. Pero la Iglesia Católica Romana está despierta; es, en realidad, la única que está despierta y está trabajando sistemáticamente contra la tormenta que se aproxima. Está trabajando a su propia manera. Y es muy importante que entendamos esa manera, pues he hablado mucho sobre los ataques que se están pergeñando desde ese ámbito contra todo aquello que nosotros debemos defender. Entretanto se van aproximando los nubarrones. El más reciente es que los encargados de la cartelería nos notificaron que al hombre que esta mañana tenía que poner en Reinach los afiches anunciando la conferencia del sábado se los quitaron y los quemaron. Como ven, estas cosas se están poniendo peor, hasta aquí se están poniendo sistemáticamente peor.

Lo que escribió un hombre que con frecuencia se esconde tras los arbustos y se llama a sí mismo "Spectator" — una sarta de puras mentiras, la vez pasada les comenté sobre las más flagrantes — ahora se difunde por toda la prensa católica romana, y esta quema de nuestros carteles realmente nos saca totalmente de los tiempos modernos y nos lleva hacia atrás.

Ahora bien, queridos amigos, ya he planteado la importante cuestión de por qué el clero de la Iglesia Católica Romana debe hoy prestar juramento de adhesión a algo que ya estaban comprometidos a sostener. Nadie ha de negar que la obligatoriedad de dicho juramento aumenta el control externo del asunto. Ni tampoco se ha de negar que, si se considera necesario obligar a las personas a hacer este juramento, la presunción es que sin tal juramento ya no continuarían con la misma firmeza. Pero, desde luego, hay aún un tercer punto, sobre el cual sería conveniente reflexionar. Pues en verdad intervienen aquí cosas que aún no deben ser llamadas por su justo nombre; no obstante, la cuestión puede mencionarse como un aparte. ¿No ha de estar ya en cierta medida rota la confianza en algo, si es que hay que prestar juramento sobre ello? ¿Es posible tomar juramento sobre la verdad? ¿Puede existir tal posibilidad? ¿No hay que dar por sentado que la verdad por su propia fuerza intrínseca es en sí misma garantía en el alma humana? Quizás no sea tan importante preguntarnos si un juramento es moral o bueno o útil; quizás sea mucho más importante históricamente preguntarnos si se ha vuelto necesario, y en ese caso, ¿por qué?

Frente a este juramento, hay algo más que es ahora necesario. Es necesario que cierto número de seres humanos sientan cómo, sin la ciencia espiritual, Europa ha de sufrir inevitablemente las consecuencias de la mentalidad expresada en las palabras "La religión, que representa un fantástico reflejo de las mentes de los seres humanos en lo que concierne a sus relaciones entre sí y con la naturaleza, está condenada a la descomposición natural por medio del victorioso desarrollo de la comprensión científica, clara y naturalista de la realidad que está destinado a producirse paralelamente con el establecimiento de una sociedad planificada."

¿Qué es lo que ha de causar la descomposición de todas las viejas religiones? Es todo lo que ha surgido durante los últimos tres o cuatro siglos como ciencia moderna, ciencia ilustrada – todo lo que se enseña como ciencia objetiva en las instituciones educativas de la humanidad civilizada. La enseñanza y los métodos burgueses de administración han sido adoptados por el proletariado. Lo que los profesores de las universidades y los colegios secundarios y hasta los de las escuelas primarias han vertido en las almas de la gente, se deja ver a través de Lenin y en Trotsky. Ellos no revelan otra cosa que lo que ya se enseña en las instituciones de la humanidad civilizada.

Queridos amigos, existe hoy una antítesis que hay que considerar sin prejuicios. Es la siguiente. ¿Qué ha de hacerse para impedir que la influencia de Lenin y Trotsky se expanda por todo el mundo civilizado? La primera necesidad es no permitir más que se les enseñe a nuestros niños y a nuestros jóvenes lo que se ha venido enseñando hasta entrado el siglo XX en nuestras universidades y en nuestras escuelas secundarias y primarias. Para comprender esta aparente contradicción se requiere coraje y, porque los hombres no quieren tener tal coraje, se duermen. Por eso hay que decir que quien lea una declaración como la que acabo de citar, aunque sólo se trate de unas pocas líneas en un artículo, debe sentirse como picado por una víbora, pues es como si toda la situación de la civilización actual fuera iluminada por un relámpago.

Enfrentada con esta situación, ¿qué tendría para ofrecer en concreto la ciencia espiritual? Lo que la ciencia espiritual tendría para ofrecer, yo lo caracterizaría más o menos de la siguiente manera. La Iglesia Católica Romana, como poderosa corporación, representa los últimos restos marchitos de la civilización de la cuarta época post atlante. Se puede comprobar con todo detalle que la Iglesia Católica Romana representa el último vestigio de lo que constituía la civilización adecuada para la cuarta época post atlante, lo que se justificaba hasta mediados el siglo XV, pero que ahora se ha vuelto una sombra. Desde luego, los productos de una evolución posterior a menudo anuncian su arribo en un período anterior, y los productos de épocas anteriores perduran hasta una época posterior; pero, en lo fundamental, la Iglesia Católica Romana representa lo que era justificable para Europa y sus colonias hasta mediados del siglo XV.

Sin embargo, la ciencia espiritual, tal como nosotros la entendemos, tiene que satisfacer las necesidades de la quinta civilización post atlante. La Iglesia Católica Romana, como estructura cerrada que está muerta, pero que aún existe como cadáver, representa en una serie de dogmas algo que se sostiene internamente por medio de una lógica bien construida, una lógica de la realidad. En esa estructura hay espíritu, el espíritu de una época pasada, pero espíritu al fin. De qué manera el espíritu está contenido en ella, lo he explicado, creo, en las conferencias que di aquí sobre Santo Tomás de Aquino. Había espíritu en estas enseñanzas, en estos dogmas de la Iglesia Católica Romana, un espíritu que había sido percibido por aquellos grandes entre cuyos últimos representantes encontramos a Plotino y otros, y con el que San Agustín había aún de lidiar de manera interesante.

Desde mediados del siglo XV, lo que ha aparecido como filosofía, ciencia, opinión pública, concepción del mundo — aparte de la Iglesia Católica Romana — está, en su mayoría, desprovisto de espíritu. Pues el espíritu de la quinta época post atlante sólo comienza a emerger con principios tales como los de Lessing y Goethe. Y quiere penetrar en lo que la corriente científico-natural inaugurada por Copérnico, Galileo y Kepler fue capaz de producir sin espíritu, y de lo que Darwin, Huxley y otros han eliminado el último vestigio de espíritu. Quiere penetrar en eso y llenarlo de espíritu. Y la ciencia espiritual quiere poner de manifiesto el espíritu que debe corresponder a esa quinta época post atlante.

Una institución impregnada de un determinado espíritu que constituya su alma, para mantenerse como institución, sólo puede luchar por el pasado. Exigirle a la Iglesia Católica que luche por el futuro sería una locura, pues una institución que lleve el espíritu de la cuarta época post atlante no puede de ninguna manera llevar el espíritu de la quinta. Lo que la Iglesia Católica se ha vuelto, lo que se ha

Conferencia II

expandido por el mundo civilizado como configuración de la Iglesia Católica, y que aparece con otro aspecto en la ley romana y en lo abstracto de toda la cultura latina, todo eso pertenece a la cuarta época cultural. Y la configuración de la Iglesia Católica ha impregnado a la totalidad de la civilización mucho más de lo que se cree. Las monarquías, aun si eran protestantes, eran, en el fondo, en su estructura, instituciones católicas latinas. Para la cuarta época era necesario que las personas se organizaran de acuerdo con principios abstractos, y que ciertas normas jerárquicas formaran la base de la organización. Pero lo que ha de venir como espíritu de la quinta época post atlante, lo que buscamos cultivar a través de la ciencia espiritual, no requiere una estructura tan firme, no necesita una estructura organizada según principios abstractos, sino que requiere una relación entre un ser humano y otro como la que se describe en mi

Filosofía de la Libertad
https://southerncrossreview.org/Ebooks/ebpof.htm

como individualismo ético. Lo que ese libro dice sobre la ética se contrapone con la estructura social sustentada por la Iglesia Católica Romana de la misma manera en que, en definitiva, la ciencia espiritual se contrapone con la teología católica romana.

Verdaderamente la Ciencia Espiritual nunca fue pensada para aparecer en un rol beligerante, sino sólo para expresar lo que consideraba como verdad. Cualquiera que examine nuestras actividades aquí tendrá que admitir que yo jamás,

jamás he asumido una actitud agresiva. Por supuesto, hemos tenido que defendernos constantemente de los ataques que provenían de afuera, y ese es el punto esencial. Pero simplemente es un imperativo de la época que lo que la ciencia espiritual tiene para ofrecer sea expresado de manera absolutamente concreta. Se debe recordar que la civilización moderna está dormida, y que Roma está despierta. Que Roma está despierta queda demostrado por el tremendo drama desplegado en la definición del dogma de la Inmaculada Concepción; en la publicación de la Encíclica de 1864, con su Syllabus que condena ochenta verdades modernas; en la declaración de la Infalibilidad del Papa; en la designación de Tomás de Aquino como filósofo oficial del clero católico; y, finalmente, en el Juramento Antimodernista para el clero docente.

En los años cincuenta [del siglo XIX], frente al creciente avance del darwinismo, frente al creciente avance del naturalismo, se hizo algo que, aunque sólo puede entenderse como proveniente de las exigencias espirituales de la cuarta época post atlante, lo mismo arroja el guante ante todo ese creciente materialismo. El resto del mundo lo deja venir o, en el mejor de los casos, lo rebate con argumentos tontos como los de Eucken. Roma, en cambio, establece el dogma de la Inmaculada Concepción, que expresa claramente: "Naturalmente, nadie puede aceptar la Inmaculada Concepción y al mismo tiempo adherir al darwinismo; así pues, establecemos la incompatibilidad de las dos cosas." No más de una década después, toda la estructura de la visión moderna del mundo, desprovista de espíritu, es condenada por el Syllabus. La definición del dogma de la Inmaculada Concepción se apartaba ya de toda la evolución tradicional anterior de la Iglesia Católica. ¿En qué consistía pues la definición de un dogma por parte de un Concilio Ecuménico en épocas anteriores? Dentro de la Iglesia Católica, una condición fundamental para la definición de cualquier dogma — simplemente estoy relatando, no criticando — era que los Padres se reunieran en el Consejo en el que el dogma iba a ser definido debía ser iluminado por el Espíritu Santo; de modo que, en realidad, el originador del dogma es el Espíritu Santo. La cuestión es, en realidad, reconocer si el Espíritu Santo es quien inspira el dogma a ser definido. ¿Cómo se sabe eso, cómo lo sabían ellos? Porque lo que estaba por ser definido como dogma por un Concilio Ecuménico ya era la opinión de toda la Iglesia Católica. Ahora bien, ese no era el caso de la doctrina de la Inmaculada Concepción. En consecuencia, se rompió uno de los principios fundamentales de la Iglesia Católica, el principio que fijaba que una doctrina sólo ha de ser convertida en dogma si los fieles han previamente manifestado una inclinación hacia ella. Por supuesto, en relación con estas modernas definiciones de dogma, se estaba ya viviendo en la realidad de la quinta época post atlante, y ya no resultaba tan fácil como en la Edad Media preparar a los fieles de tal manera que impusiera entre ellos una opinión en común, que podía entonces ser definida como dogma. No obstante, se había preparado bien el terreno — durante los últimos tres o cuatro siglos se habían venido realizando preparaciones para estas últimas revelaciones, es decir, las últimas hasta ahora. Ya entonces la Iglesia Católica estaba despierta. Y, si ustedes recuerdan cuándo se fundó la Orden Jesuita, deducirán fácilmente que la fundación de dicha Orden está esencialmente conectada con el hecho de que era necesario encontrar algún medio para superar las dificultades de trabajar sobre los fieles en los tiempos modernos y, en general, tener en cuenta dichas dificultades. Uno debería prestar atención al curso que han tomado las cosas. Sólo estoy relatando, no estoy criticando. Fue en el año 1574 que los mismos ciudadanos de Lucerna expresaron que deseaban el jesuitismo. Permítanme repetir que fue Canisio, el discípulo cercano de Ignacio de Loyola, quien fundó el Colegio Jesuita de Friburgo en 1580, que luego estableció su colonia en Soleura. Quisiera también agregar que, luego de la supresión de la Orden Jesuita por parte de Clemente XIV, los jesuitas tuvieron, por supuesto, que desaparecer de Suiza y entonces continuaron sus actividades sólo en los dominios de Federico II de Prusia y de Catalina de Rusia, a quienes la Orden Jesuita realmente les debe haber continuado su existencia.

Pero en este extraordinario interregno entre la supresión de la Orden Jesuita en 1773 por parte de Clemente XIV y su rehabilitación por parte de Pío VII en 1814, sucedieron sin embargo cosas extrañas. Pues, por ejemplo, durante este período, la institución que había sido conducida por los jesuitas en Sion continuó naturalmente. Y, de hecho, también continuaron, en su mayoría, los mismos profesores; sólo que hasta 1773 esos profesores eran jesuitas y, desde esa fecha en adelante, dejaron de serlo, y se decía que en tales

Conferencia II

instituciones enseñaban los Padres de la Fe. Por lo tanto, no sorprende que después de que Pío VII hubiera derogado el decreto de Clemente XIV, esas colonias jesuitas fueran reinstituidas – en Brigue, el mismo año; en Friburgo, en 1818; en Schwyz, en 1836.

No es mi tarea criticar estas cosas, pero quiero que ustedes las conozcan, y quisiera agregar lo siguiente. A partir de mis explicaciones, ustedes sabrán que desde el 21 de julio de 1773, cuando Clemente XIV promulgó la Bula "Dominus ac redemptor noster," hasta que Pío VII emitió su Bula "Solicitude omnium ecclesiarum," la Orden Jesuita estuvo oficialmente suprimida. Y ahora viene algo extraordinario. Hay unas memorias escritas por un hombre llamado

[Cordara](https://www.newadvent.org/cathen/04358a.htm),

un jesuita, que había pasado por todos los escalones de la Orden Jesuita. De sus memorias, resulta evidente que no era un ignorante como el Conde Hoensbruch — cuyos discursos y escritos carecen de importancia — pues, por supuesto, los jesuitas son inteligentes y Hoensbruch es muy tonto. Es cuestión de no estar dormidos hoy ante estas cosas, sino de saber cómo distinguir entre lo importante y lo no importante. Quisiera referirme a un pasaje de las memorias de Cordara, en el que manifiesta que fue extraño que la Orden Jesuita hubiera sido suprimida por el Papa Clemente XIV, quien sentía gran aprecio por los jesuitas y era a la vez un hombre sumamente tolerante y no era ningún tonto. Es decir que Cordara le atribuye al Papa Clemente una calidad personal excelente, lo ensalza casi hasta las nubes, a pesar del hecho de que suprimiera a los Jesuitas. Entonces, Cordara naturalmente se pregunta cómo fue que tuvieron que ser suprimidos por este bondadoso Papa. "Uno debe preguntarse," dice Cordara, "¿cuáles fueron las intenciones de la Divina Sabiduría en la supresión de los jesuitas y por qué se permitió que eso ocurriera?" Ahora bien, ciertamente Cordara era jesuita, pero era alguien que había sido formado por los jesuitas para pensar lógicamente y, por lo tanto, no hace preguntas abstractas sino muy concretas. Dice: "Tenemos que buscar lo que era censurable en la Orden." Y luego agrega: "Creo que, en cuanto a la moralidad, la Orden Jesuita se ha desempeñado admirablemente; en lo que concierne a la falta de castidad u otras cosas por el estilo, somos muy estrictos, nadie lo puede negar. Pero somos muy indulgentes hacia todo lo que sea difamación, calumnia e insulto." Lo que Cordara dice, en realidad, es que probablemente Dios permitió la supresión de la Orden Jesuita por parte del Papa Clemente XIV porque gradualmente se había infiltrado en la Orden una cierta tendencia hacia la difamación, la calumnia y el insulto. Ahora, no estoy criticando esto, solamente estoy relatando los hechos. Sólo quisiera agregar que el jesuita Cordara dice también: "Una de nuestras principales faltas es el orgullo, que nos hace considerar a todas las otras Órdenes como carentes de valor e importancia, y a todo el clero secular como inútil."

Conferencia II

Ahora bien, si uno reúne todo lo que aparece en estas memorias, dicho por un jesuita no como reproche a la Orden Jesuita sino como una suerte de mea culpa, como un examen de conciencia, encuentra, en primer lugar, la lucha por el poder político; en segundo lugar, orgullo, arrogancia; en tercer lugar, desprecio por las demás órdenes y por los sacerdotes seculares; en cuarto lugar, acumulación de riqueza. Pero si uno gradualmente se da cuenta de lo que significa mantener verdades marchitas, muertas, por medio del poder, no puede hacer cosa mejor que usar tal Orden para asegurar su mantenimiento. Con Pío VII, la Iglesia Católica Romana sabía bien lo que estaba haciendo. Al rehabilitar a la Orden Jesuita, pagó su deuda de gratitud con la historia mundial, historia hecha por Federico II, Rey de Prusia, y por Catalina de Rusia, ambos ahora ya muertos. Y entre los primeros jesuitas "extranjeros" que volvieron a enseñar aquí en Suiza se encontraban muchos de los que habían sido protegidos por Catalina, muchos que habían regresado de Rusia. Pueden leer todo esto en los documentos históricos sobre el tema.

Como pueden ver, entonces, Roma estaba bien despierta e hizo con antelación las preparaciones necesarias. Se hizo una preparación con plena conciencia. Luego viene el siguiente paso, la condena de toda esa creciente ola de ciencia — que estaba lista para la condena ya que luego de cuatro siglos de esfuerzo para eliminar al espíritu, permanecía vacía de espíritu. y la humanidad permanecía dormida. El siguiente paso fue la Encíclica de 1864 con su Syllabus. Si la definición del dogma de la Inmaculada

Concepción ya había constituido una ruptura con todas las normas anteriores de la Iglesia Católica Romana, lo que se promulgó en la doctrina de la Infalibilidad constituyó, sin duda, una ruptura mucho mayor. Pues se necesitó toda la sagacidad de la consumada lógica de la Iglesia Católica para justificar la afirmación de que el Papa es infalible después de que el Papa Clemente XIV hubiera suprimido la Orden Jesuita en 1773 y que su sucesor, el Papa Pío VII, la hubiera rehabilitado en 1814. Se podría citar un gran número de tales ejemplos. Pero la lógica que había sido tan bien cultivada no fue aplicada para producir conceptos claramente definidos. Lo que se necesitaba era un concepto bien formado que pudiera justificar la infalibilidad: No es lo que el Papa expresa como su opinión privada lo que se considera infalible, sino sólo lo que dice "ex cátedra." Es decir que no era necesario decidir si Clemente XIV o Pío VII eran infalibles, sino si Clemente XIV o Pío VII habían hablado "ex cátedra" o en privado. ¡Clemente XIV debe haber hablado en privado cuando suprimió la Orden Jesuita y Pío VII debe haberlo hecho "ex cátedra" cuando la rehabilitó! Ahora bien, el problema es, sin embargo, que el Papa nunca dice si está hablando "ex cátedra" o en privado. ¡Hasta ahora jamás lo ha dicho! Hay que admitir que es difícil distinguir, en cada caso individual, si está sujeto al dogma de infalibilidad, pero el dogma está allí, y con él se le asestó un buen golpe a lo que puede surgir como cultura fundamental de la quinta época post atlante. Entonces se hizo necesario considerar las consecuencias, y eso fue bien hecho por el Papa León XIII, un hombre de gran visión y mucha inteligencia. El Papa

Conferencia II

León XIII buscó adoptar la filosofía de Tomás de Aquino tal como era en la cuarta época post atlante. La Iglesia necesitaba esa filosofía que es muy grande, pero grande para la última época cultural, ya que, por supuesto, objetivamente todo lo que ha surgido a continuación como filosofía es pequeño en comparación con lo que floreció como Filosofía en el Escolasticismo. Pero lo que es pequeño es, sin embargo, un comienzo, mientras que lo que hubo en el Escolasticismo fue un final, un clímax.

Ahora bien, hay que recordar que la humanidad, no obstante, está tratando de progresar y, por ello, sucedió que, tanto en la esfera de la investigación científico-natural como en la de la investigación histórica, surgieron inusuales extravagancias entre el clero católico. Muy bien, pues, ahora resultó necesario adoptar enérgicas medidas en apoyo de la doctrina católica derivada de San Agustín. De ahí el Juramento contra el modernismo.

Ahora bien, queridos amigos, no se puede decir nada en contra de todo eso, por supuesto, si es lo que una comunidad busca por su libre impulso. Pero, cuando en 1867 los jesuitas fueron nuevamente aceptados en Múnich, un sacerdote jesuita dijo, en su primer sermón, que las Reglas de la Orden prohibían a los jesuitas meterse en política, que jamás un jesuita ha tenido participación alguna en política — a mí me parece que no es muy probable que la gente de hoy se crea eso. Y pronto ocurrió lo contrario,

Queridos amigos, lo que realmente estoy tratando de poner en claro es que todos aquellos que seriamente busquen el conocimiento, el progreso y el bien de la humanidad tendrán que reconocer la naturaleza tripartita del organismo social. Pues lo poco que sirven las medidas políticas contra la Iglesia Católica Romana ha quedado demostrado en el curso de la campaña *Kulturkampf*, o Combate cultural en Alemania. Pero lo que principalmente quiero que ustedes entiendan es cuán lenta es la gente para ver lo que, como consecuencia necesaria del esfuerzo científico-espiritual, debe ingresar al mundo como impulso para el orden tripartito de la sociedad. Eso es lo que necesitamos, una comprensión bien despierta de los fenómenos de la época.

Pues bien, queridos amigos, me he metido en un tema que ciertamente no habría abordado si no hubiera sido por los recientes acontecimientos aquí, que han de tener nuevas derivaciones. Como ustedes saben, el sábado he de dar una conferencia pública sobre "La verdad sobre la antroposofía y su defensa contra la mentira." Pero, de todos modos, trataré el próximo domingo de continuar con los comentarios que no puedo completar hoy. De modo que el próximo domingo a las siete y media nos encontraremos de nuevo aquí, aunque tenemos que partir de viaje el lunes. En estos tiempos agitados no se puede hacer otra cosa, y por eso el sábado, a pesar de la quema de nuestros carteles, también tendrá lugar aquí la conferencia pública.

Conferencia III
Dornach, 6 de junio de 1920

Queridos amigos:

Ustedes habrán notado que desde hace años todas mis conferencias han puesto énfasis sobre la importancia, para la evolución tanto espiritual como social de la humanidad, de la difusión de lo que los científicos espirituales denominamos los resultados de la investigación iniciática. Ustedes saben también que, por iniciación, para usar un término antiguo, entendemos el acceso a un mundo espiritual separado de nuestro mundo físico-sensorial por una suerte de velo; velo que, con mucha facilidad, puede conducir a ilusiones. Lo que primeramente le es dado al hombre es el mundo físico-sensorial, y el hombre hace uso de él para las necesidades de la vida corriente o en búsqueda de lo que hoy se denomina la ciencia. El ser humano combina sus percepciones del mundo físico con todo tipo de conceptos, ideas, etc. Pero nada de eso lo conduce más allá del mundo de los sentidos; y podemos decir que, en la vida común, la única forma a través de la cual el ser humano puede, en cierta medida, ver más allá y por encima de lo sensorial es al soñar. Los sueños, tal como los experimentamos hoy en la vida común, son sólo una pobre imitación de lo que se puede denominar la experiencia en el mundo suprasensible. El mundo suprasensible tiene que ser percibido no sólo con el mismo grado de conciencia que se tiene en la vida corriente, grado de conciencia que está ausente en el sueño, sino con una conciencia de más alto grado. Para poder vivenciar el mundo suprasensible, uno debe elevar la conciencia para llevarla a un nivel que esté en la misma relación con la conciencia de la vida corriente, con la conciencia normal, que la que dicha conciencia tiene con la conciencia del dormir, o en todo caso con la conciencia del soñar. Así pues, se debe producir una suerte de despertar para salir de la conciencia normal. De ahí que el sueño sea, por supuesto, solamente una pobre imitación de lo que se experimenta en esa otra condición.

Sin embargo, el soñar, en realidad, difiere del pensar normal mucho menos de lo que se supone. Cuando prestamos atención al mundo pictórico de un sueño común, advertimos que, en su contenido, es, en realidad, esencialmente igual a lo que subyace en nuestros pensamientos. La diferencia es que, en el pensar, el ser humano se introduce al mundo exterior a través de sus sentidos y, por lo tanto, lo que en el sueño se organiza por mera analogía, en el pensar se ordena según relaciones totalmente externas, se ordena por la percepción del mundo sensorial exterior, en concordancia con lo que nos dice ese mundo. Podemos, en cierto modo, comprobar esto si nos sentamos y cerramos los ojos, o, digamos, si estamos ociosos y simplemente dejamos vagar nuestros pensamientos, y entonces notamos cómo éstos se han dispersado, notamos que, al traerlos de nuevo a la mente, no hay mayor conexión entre ellos que la que se da entre los sucesos de un sueño. El

Conferencia III

flujo incontrolado de ideas que comúnmente se da en el hombre está en cierto sentido sujeto a la misma ley que la del sueño. Es sólo a través de los sentidos que somos arrancados de nuestros sueños. Y, cuando silenciamos a nuestros sentidos, es cuando comenzamos realmente a soñar. Esta actividad onírica tiene que ser intensificada. Tiene que ser organizada de tal manera que se impregne de una conciencia superior a la que nos confieren nuestros sentidos ordinarios. Entonces surge la conciencia imaginativa, y luego gradualmente llega la conciencia inspirada, que es reconocida por el tomismo como una fuente válida de conocimiento, como dije ayer en mi conferencia pública.

En nuestra ciencia iniciática tenemos, pues, los resultados de un estado intensificado de la conciencia como el arriba mencionado. El problema en la actual evolución de la humanidad y en la del futuro próximo es que la humanidad sin duda habrá de necesitar esta ciencia de la iniciación y no podrá avanzar sin ella, ya que, si sólo el conocimiento materialista desarrollado en los últimos tres a cuatro siglos continuara impregnando la evolución humana, las condiciones que estamos vivenciando en el actual caos social del mundo civilizado se habrán de repetir reiteradamente, interrumpidas sólo por breves intervalos. Lo que la ciencia le ha podido dar a la humanidad desde mediados del siglo XV ha sido indudablemente suficiente para que se hicieran descubrimientos técnicos, para que se extendiera por el mundo una red de intercambio comercial y de negocios, pero no es suficiente para la creación de una organización social realmente adaptada a la conciencia de la humanidad actual. Eso es algo que se ha de realizar gradualmente. Mientras que la ciencia de nuestras universidades, de nuestra educación pública, rechace la ciencia de la iniciación, mientras que se reconozca únicamente una ciencia material, externa, la humanidad se encontrará perpetuamente atrapada en condiciones sociales caóticas como las que tenemos en la actualidad. Sólo la ciencia de la iniciación podrá salvar a la humanidad futura de tales condiciones sociales caóticas. Sobre todo, la ciencia de la iniciación podrá dar a los seres humanos que puedan acercarse a ella una conciencia del hecho de que la vida aquí en la tierra, a la que entramos a través del portal del nacimiento, es continuación de una vida espiritual que hemos pasado en el mundo suprasensible entre la última muerte y el presente nacimiento. Ahora bien, como ustedes saben, esa vida espiritual que precede a nuestro nacimiento o concepción no es mencionada en las iglesias de nuestro actual mundo civilizado. Nunca se la menciona, y por una razón muy precisa: porque en determinado momento de la historia, que coincide con la evolución griega entre Platón y Aristóteles, se perdió toda conciencia de la vida espiritual prenatal. Platón habla claramente de esa vida, pero Aristóteles defendió vehementemente la teoría de que cada vez que un ser humano nace en la tierra, un alma completamente nueva se une a su cuerpo físico. La doctrina aristotélica dice que para cada ser humano que nace físicamente, se crea una nueva alma.

Conferencia III

Ahora bien, si uno adhiere a esta opinión, no puede sino sostener que la vida que comienza con la muerte, la vida que comienza cuando una persona desecha su cuerpo físico — y de esto también habla Aristóteles — sigue existiendo y no vuelve a descender a la tierra. Pues, obviamente, a menos que se pueda hablar de una existencia prenatal, no hay justificación para creer otra cosa, sino que después de la muerte el hombre permanece por siempre en un mundo espiritual. Eso ya había llevado a Aristóteles a sacar algunas conclusiones importantes. Por ejemplo, sostenía que si alguien, entre el nacimiento y la muerte aquí en la tierra, lleva una vida que le llena el alma de maldad, ese ser humano está obligado, por toda la eternidad, a contemplar esa maldad, que no puede jamás borrarse ni superarse. De modo que, según la visión de Aristóteles, cuando ese hombre muere, tiene que contemplar eternamente esa única vida terrenal por la que tiene que pagar.

Esta doctrina de Aristóteles fue incorporada en su totalidad por la Iglesia Católica y, cuando en la Edad Media, la Iglesia buscó una filosofía que pudiera sustentar su teología, adoptó, con respecto a la vida del alma, esta doctrina aristotélica. Y aún hoy podemos reconocer su eco en la idea del castigo eterno en el infierno.

Ahora bien, tras habérseles inculcado durante miles de años esta doctrina del origen del alma junto con el cuerpo, ¿cómo se puede imaginar que las personas puedan liberarse de ella y llegar a la verdad? Sólo sería posible si recibieran una nueva ciencia espiritual. Sin esta renovación de la ciencia espiritual la humanidad no podrá aceptar la vida antes del nacimiento o, mejor dicho, antes de la concepción, como una creencia válida. Pensemos en lo que significa para toda la evolución de la humanidad no hablar de una vida prenatal. Cuando en las iglesias de hoy se nos habla sólo de una vida después de la muerte, simplemente se está despertando instintos conectados con el deseo egoísta de no extinguirse con la muerte.

Queridos amigos, se necesita un ensayo, un estudio exhaustivo: "Sobre el cultivo del egoísmo humano por parte de las iglesias." En un estudio de esa naturaleza, habría que explorar los verdaderos motivos que operan en los sermones y doctrinas de todas las denominaciones religiosas predominantes; y se encontraría que, en todos lados, se apela a los instintos egoístas del hombre, especialmente al instinto de inmortalidad después de la muerte. Se podría extender este estudio para abarcar más de mil años y se vería que estas denominaciones religiosas, al eliminar la vida antes del nacimiento por influencia aristotélica, han fomentado en grado sumo el egoísmo en la naturaleza humana. Las iglesias como cultivadoras de los más profundos instintos egoístas es un tema que bien merece ser estudiado. Hoy la mayor parte de la vida religiosa del mundo moderno civilizado busca satisfacer al egoísmo humano. Podría citar docenas de pronunciamientos en los que se puede sentir este egoísmo. Una y otra vez aparece escrito, especialmente en cartas pastorales, "que la ciencia espiritual se ocupa de todo tipo de conocimientos sobre los mundos suprasensibles, pero el hombre no necesita eso. Sólo necesita tener la conciencia infantil de su conexión con Jesucristo." Lo dicen tanto los pastores como los fieles; se enfatiza siempre esa conexión infantil con Jesucristo. Se la presenta con inmenso orgullo en contraposición con lo que es, por supuesto, mucho menos fácil de lograr — la penetración en los detalles concretos del mundo espiritual. Se la predica una y otra vez. Una y otra vez se induce al hombre a creer que puede ser más cristiano cuando menos ejercita las fuerzas del alma, cuando menos se esfuerza por pensar algo claro con lo que denomina su conciencia Crística. Esta conciencia de Cristo debe ser algo que el hombre logra por medio de la absoluta infantilidad — es lo que dicen estos bonachones. Y, más que nada, les gusta que les digan que Cristo se ha hecho cargo de todos los pecados de la humanidad, y la ha redimido con el sacrificio de Su muerte, sin que las personas tengan que hacer nada por sí mismas. Todo esto apunta a la creencia de que, por medio del sacrificio de Cristo, está garantizada la inmortalidad después de la muerte; pero todo ello tiende a alimentar en la humanidad el más extremo egoísmo. Por medio de este cultivo del egoísmo por parte de las iglesias, hemos finalmente producido lo que está despuntando hoy en todo el mundo civilizado. Debido a que este egoísmo ha sido tan extensamente cultivado, la humanidad se ha convertido en lo que hoy es. ¡Pensemos simplemente cómo sería si el ser humano, no sólo en teoría, con ideas y conceptos, sino con toda la vida interior de su alma, fuera a comprender la verdad de que, al atravesar el portal del nacimiento, su vida terrenal le impone la obligación de cumplir con una misión que ha traído de una vida antes de nacer!¡Pensemos en cómo desaparecería el egoísmo si ese pensamiento fuera a llenarnos el alma, si esta vida terrenal fuera considerada una tarea que hay que cumplir porque está ligada a una vida supraterrenal por la que hemos pasado previamente! El egoísmo se combate con el sentimiento que surge en nosotros cuando consideramos a la vida terrenal como continuación de una vida más allá de la tierra, así como es fomentado por las denominaciones religiosas que hablan únicamente de la vida después de la muerte. Eso es lo importante para el bienestar social del ser humano: reinstaurar la realidad de su preexistencia en la conciencia de la humanidad del presente y del futuro; y, por supuesto, la idea de la reencarnación es inseparable de la de la preexistencia del alma humana.

Podemos pues decir que la misma Iglesia Católica aceptó la doctrina aristotélica y la convirtió en su propio dogma; pero este dogma debe ser ahora reemplazado por el conocimiento superior de la existencia de repetidas vidas terrenas, de la preexistencia, que Aristóteles fue el primero en dejar de lado.

Si podemos estimar cuánta importancia tiene para la humanidad absorber ciertos elementos en la vida más profunda de su alma, nos daremos cuenta de lo que ello significa para la vida anímica del hombre en su sentido más amplio. Significa que el ser humano adquiere una conciencia de sí mismo totalmente distinta.

Conferencia III

Ahora, queridos amigos, agreguemos a lo que acabamos de decir las palabras de San Pablo: que esta conciencia ordinaria debe ser impregnada cada vez más por la conciencia de "No Yo, sino Cristo en mí." Cuando nos contemplemos como algo diferente, Cristo también será diferente dentro de nosotros. Si nos consideramos como algo que, incluso en lo concerniente a lo anímico-espiritual, se originó recién en el nacimiento, entonces, por supuesto, el Cristo sólo puede estar en lo que ha comenzado a existir con este nacimiento, y sólo tendrá la tarea de conducir nuestras almas a través del portal de la muerte y más allá por toda la eternidad. En cambio, si sabemos que hemos tenido una vida prenatal, también podemos saber que es el Cristo mismo quien nos ha asignado una misión para esta vida en la tierra, que tenemos que desarrollar nuestras propias fuerzas, que tenemos que encontrar al Cristo en nuestras fuerzas, que tenemos que buscarlo como lo mejor que podemos tener dentro de nosotros, lo mejor de nuestro espíritu y nuestra alma.

Al eliminar el espíritu en el Octavo Concilio Ecuménico de Constantinopla del año 869, la Iglesia Católica siempre ha puesto cuidado en que los que pertenecen a ella nunca reflexionen sobre la verdadera naturaleza psico-espiritual del hombre. En ese Concilio, la Iglesia estableció que el hombre consta sólo de cuerpo y alma, aunque el alma tiene algunos atributos espirituales; pero que considerar al hombre como compuesto por cuerpo, alma y espíritu es una herejía. Y cuando el jesuita Zimmerman expresó ciertos reproches contra la ciencia espiritual, consideró que su mayor pecado era buscar restablecer la validez de la tricotomía al manifestar que el hombre consta de cuerpo, alma y espíritu. Y es que, de esa manera, inevitablemente ha de salir a la luz la verdadera naturaleza del hombre y también su verdadera relación con el Cristo. En cambio, lo que la Iglesia buscaba cada vez más era que el hombre *no* llegara a una verdadera comprensión de su real relación con el Cristo. Podemos decir, queridos amigos, que el desarrollo de las iglesias occidentales consiste realmente en correr un velo cada vez más denso sobre el verdadero secreto de Cristo.

Básicamente todas las instituciones se construyen sobre abstracciones externas. Cuando un estado es joven tiene sólo unas pocas leyes y las personas tienen relativamente pocas restricciones. Cuanto más tiempo existe un estado, y especialmente cuanto más tiempo los distintos componentes del estado despliegan sus ingeniosos argumentos, más leyes se dictan, hasta que al final nadie sabe dónde está parado, pues ya no existe una sola ley, sino que todo está enredado en una maraña de leyes de la que es muy difícil liberarse.

Ese es el caso también de las iglesias. Cuando una iglesia comienza su trayectoria en el mundo, tiene relativamente pocos dogmas; pero las personas necesitan tener algo que hacer, y así como el estadista está siempre haciendo leyes, los hombres de la iglesia crean más y más dogmas, hasta que al final todo se convierte en dogma y el dogma se consolida. Es sólo desde la época en que el escolasticismo estaba en su apogeo que esta consolidación del dogma se hizo realmente

Conferencia III

notoria en la civilización moderna. Quien realmente estudie en profundidad el escolasticismo de Alberto Magno y de Tomás de Aquino encontrará que en esa época todo lo relacionado con el dogma era aún fluido, era aún tema de discusión, que la discusión aún se consideraba como algo normal. Es cierto que, en el período escolástico, ya existía cierta oposición dentro de la iglesia occidental. Estaba la oposición entre los Dominicos y los Franciscanos. La Orden de los Dominicos, de la cual el escolasticismo fue la flor, desarrolló su conocimiento a través de ideas estrictamente lógicas. La Orden de los Franciscanos desechó esa vía: los Franciscanos querían lograr todo por medio de un sentimiento infantil. No voy a analizar ahora la relación entre las enseñanzas dominicas y las franciscanas, pero quisiera que imaginaran cómo sería si hoy la gente luchara tan vigorosamente sobre el contenido de las doctrinas dominica y franciscana como lo hacía en la Edad Media, cuando se discutía el dogma tan libremente. Por supuesto, el obispo de Roma, también en esa época, declaraba hereje a la gente; y podría haber continuado así por mucho tiempo, si los gobiernos seculares no hubieran acudido en su ayuda y quemado en la hoguera a la gente que él simplemente quería condenar. En esta cuestión uno tiene que admitir que la mayor culpa recae sobre los gobernantes seculares. Sin embargo, todo ello no impidió que hubiera libre discusión dentro de la Iglesia Católica en esa época.

Esa libre discusión ha sido gradualmente eliminada por completo. La libre discusión fue algo que la Iglesia Católica, con el correr del tiempo, no pudo soportar. ¿Y por qué no?

Porque una conciencia totalmente nueva estaba surgiendo en la humanidad. Se trataba de la transformación de la conciencia del hombre, que ocurrió, como a menudo les he explicado, a mediados del siglo XV. El ser humano quiere cada vez más formar su propio juicio desde lo profundo de su propia alma. Esto no era así en la Edad Media. El hombre tenía entonces una especie de conciencia comunal y sólo algunas personas instruidas, los verdaderos eruditos, podían ir más allá. Ellos pudieron superar esa conciencia comunal uniforme porque habían sido instruidos en el escolasticismo. Eso también ocurrió con otros que fueron formados en las enseñanzas rabínicas. Sin embargo, en general, la conciencia del hombre era uniforme. Era una conciencia comunitaria, una conciencia familiar. Pero la conciencia individual se estaba desarrollando cada vez más.

Ahora bien, algo que la Iglesia Católica siempre ha tenido, puesto que ha atraído a personas altamente instruidas, es visión histórica. La Iglesia Católica sabe muy bien de lo que estoy hablando, que el principio del desarrollo moderno es promover la conciencia individual del hombre — pero la Iglesia Católica no está dispuesta a permitir que surja esta conciencia individual. Quiere mantener esa apagada conciencia comunal, de la que sólo emergerán aquellos que han recibido una educación escolástica. Hay una muy buena manera de mantener esa apagada conciencia comunal — siempre es apagada — y consiste en sofocar la conciencia ordinaria que la persona tiene cuando hace uso de sus órganos sensoriales, en aplacarla completamente. Así como el soñar apaga la

Conferencia III

conciencia ordinaria, de la misma manera se apaga a la conciencia con el propósito de hacerla una conciencia comunal embotada. Una de las muchas características del sueño es que en muchos aspectos es mentiroso. ¿O acaso hemos de negar que el sueño es mentiroso, que representa cosas que no son verdad? No obstante, no es a causa del sueño sino de la conciencia embotada que cuando soñamos no podamos comprobar qué es cierto y qué no. Por consiguiente, una de las características de esta conciencia embotada es que les quita a los seres humanos la posibilidad de distinguir la verdad de la mentira. Ahora, si uno es versado en estos asuntos, ¿qué hace? Bajo el manto de la autoridad, le transmite a la gente cosas que no son verdad, y lo hace sistemáticamente. De esa manera, sofoca sus conciencias y las lleva al estado apagado de la conciencia del sueño. Y logra así debilitar lo que desde mediados del siglo XV ha estado tratando de emerger como conciencia individual en las almas de los hombres.

¡Qué excelente tarea desempeñarse con autoridad escribiendo artículos como los que ahora están apareciendo en el *Katholischen Sonntagsblatt*, pues así uno logra impedir que la gente se desarrolle de la manera en que debería hacerlo desde mediados del siglo XV! Aunque el individuo quizás no lo sepa, toda la jerarquía está detrás de lo que ocurre al respecto y ha organizado las cosas extremadamente bien. Si se cree que estas cosas suceden por simple ingenuidad o puramente por rencor, se está cometiendo un gran error. Naturalmente, debemos luchar contra la mentira y la falsedad con todos los medios a nuestro alcance, pero no debemos creer que estas mentiras provienen de la simpleza o incluso de la creencia de que lo que se dice es cierto; pues si estas personas dijeran la verdad, no lograrían su propósito que es embotar la conciencia de las personas por medio de mentiras deliberadas, y ese es un cometido tremendo y diabólico.

Ahora bien, queridos amigos, esto también debe decirse con total franqueza. La simpleza está enteramente del otro lado. La simpleza hoy no está del lado de la Iglesia Católica sino del lado de sus oponentes. Éstos no creen que la Iglesia Católica sea fuerte en el sentido que he descripto; no creen que la Iglesia Católica haya previsto hace mucho tiempo que las condiciones sociales que ahora se han producido en Europa ocurrirían algún día, y que haya tomado sus propias medidas para hacer sentir su influencia en esas condiciones sociales. Lo que la Iglesia Católica se propone es crear un puente entre el socialismo más radical — el comunismo — y su propia hegemonía.

Esta admirable previsión es algo que se debe reconocer en todo lo que tiene una real base espiritual, un fundamento espiritual enraizado en una vida espiritual real y no en la mera abstracción. Con toda la ilustración moderna no se llega a nada que pueda tener un alcance trascendental en el curso de la evolución humana. En cambio, las ceremonias que se practican en la misa católica tienen mucha más importancia que todos los sermones provenientes de los púlpitos evangélicos, porque se trata de hechos llevados a cabo en el mundo sensible y en su forma son, al mismo

Conferencia III

tiempo, algo que trae como por encanto el mundo espiritual al interior del mundo sensible. Por esa razón, la Iglesia Católica jamás ha querido privarse de los medios mágicos para obrar sobre los seres humanos. Estos medios mágicos de verdad existen. Y no debemos creer que, contra tales cosas, pueda ser efectivo algo más que no sea volver a entrar al mundo espiritual con total y verdadera honestidad y rectitud interior. En cuanto a lo que podría denominarse una señal externa de que la Iglesia Católica ha tenido siempre conexión con el mundo espiritual, podemos citar algo que ya he comentado con algunos de ustedes.

En la primera década del siglo XX se emitió una Encíclica Papal que declaró heréticas a varias cosas. Las encíclicas papales se expresan de tal manera que siempre exponen la doctrina en cuestión y luego dicen: "Quien crea esto es anatema." Es decir, la encíclica cita alguna doctrina tomada de los libros de Haeckel o de algún otro y luego dice: "Quien crea esto es anatema." No expone lo que es verdad, sino que dice: "Quien crea esto es anatema."

Ahora bien, la ciencia de la iniciación siempre posibilita investigar tales cosas y yo me propuse la tarea de realizar ciertas investigaciones con respecto a esta encíclica. Debo decir que, en esto, como en tantas otras cosas, lo que entonces fue promulgado por el Papa "ex cáthedra" fue realmente extraído del mundo espiritual. Es decir que lo que penetró en esa encíclica efectivamente provino del mundo espiritual. ¡Pero fue trastrocado de manera extraordinaria! En todas partes donde correspondía un "sí," había un "no" y viceversa. Esto es algo — y podría dar otros ejemplos — que muestra que la Iglesia de Roma tiene hoy cierta conexión real con el mundo espiritual, pero una conexión que es extraordinariamente nociva para la humanidad. Por eso, no debemos sorprendernos de que dicha Iglesia vea en el surgimiento de la ciencia espiritual moderna algo que desea eliminar a toda costa, pues, queridos amigos, ¿cuál es el efecto de esta nueva ciencia espiritual? Genera una conciencia de la vida prenatal, de la preexistencia. ¡Eso no se puede permitir! ¡No debe ocurrir en ninguna circunstancia! Así que la ciencia espiritual debe ser condenada; pues la ciencia espiritual dirige la atención del hombre hacia su propio ser, lo hace consciente de que consta de cuerpo, alma y espíritu. Eso no se puede permitir de ninguna manera; por lo tanto, la ciencia espiritual debe ser condenada. La gente se daría cuenta, por ejemplo, de que el dogma de la condena eterna en el infierno es una consecuencia aristotélica de la creación del alma en el momento del nacimiento físico. Imaginemos que un teólogo católico de hoy estudia la conexión entre Aristóteles y el escolasticismo y percibe que los escolásticos derivaron de Aristóteles su prueba del origen del alma al mismo tiempo que el cuerpo físico. ¡Vería el trasfondo del origen del dogma! ¿Qué se hace para evitar esto? Se obliga al teólogo a prestar juramento contra el modernismo. Se lo obliga a jurar que forma parte de su credo no poder jamás llegar a una conclusión histórica contraria a los dogmas que emanan de Roma. El hecho de haber prestado ese juramento tiene un efecto tan fuerte sobre sus sentimientos que lo confunde en su investigación

Conferencia III

imparcial y nunca puede llegar a ver que el dogma está estrechamente relacionado con la evolución histórica de la humanidad. Ahora bien, las cosas no pueden continuar de esa manera si aparece la ciencia de la iniciación, y, por lo tanto, esta ciencia de la iniciación debe ser condenada en toda circunstancia.

¿Por qué les digo todo esto, queridos amigos? Para que no tomen el asunto demasiado a la ligera. Pues en nuestra ciencia espiritual antroposófica no se trata de cosas como las que suceden, por ejemplo, en la Sociedad Teosófica. Que la Sociedad Teosófica no ha de tomarse en serio resulta claro del hecho de que en un momento llegó a aceptar por mayoría la farsa de Krishnamurti como reencarnación de Jesucristo de Nazaret. Una comedia de ese tipo sólo se basa en la hipocresía, aun cuando tal hipocresía sea tomada en serio por muchos. En el suelo de la Antroposofía, de la ciencia espiritual, en cambio, lo que debe crecer es la búsqueda de la verdad, honesta de cabo a rabo. Por eso es algo que, como bien lo sabe la Iglesia Católica, penetra más allá de los decorados, hasta aquello que no debe ser descubierto si es que esa iglesia ha de mantener en el mundo el dominio que considera le corresponde.

Todo lo que estoy diciendo es simplemente para mostrarles que estas cosas no deben ser tomadas a la ligera, pues hay que reconocer que la Iglesia Católica ha demostrado gran previsión. Aunque la oveja siga al guía y sólo obedezca órdenes, aunque ignore lo que esta mentira sistemática significa para toda la evolución de la humanidad

— aunque el individuo no sepa nada y haga lo que se le dice —, el sistema entero está totalmente consolidado, puesto que la mentira será creída por muchos.

Del otro lado existe la creencia ingenua de que todo el artificio externo de las leyes naturales que hoy constituye el tema de nuestra educación universitaria puede ser de importancia para un mayor desarrollo de la humanidad, ¡que toda esa tontería sobre la conservación de la materia y la energía puede ser de importancia para el mayor desarrollo de la humanidad! Hoy la gente ni siquiera puede contemplar con ojos imparciales la nieve que se extiende ante ellos cada invierno (si viven en zona templada), sin embargo, debido a que el manto de nieve cubre las fuerzas de crecimiento, parte de la tierra sufre una completa transformación; la conciencia popular que habla de la pureza de la nieve sabe mucho más que nuestra ciencia moderna que habla de la conservación de la materia y la energía.

Por supuesto, puedo decir todo esto ahora sólo porque he dedicado muchas semanas a mostrarles qué poco fundamento tienen estas leyes de conservación de la materia y la energía; cómo, en cada ser humano, la materia y la energía de hecho se destruyen al avanzar desde abajo hacia la cabeza, y surgen nueva materia y nueva energía. Con seguridad, todo esto ha de ser ferozmente refutado en algunos ámbitos, y lo único que puede ayudar es que la mayor cantidad de gente posible tome conciencia de la tarea actual de la humanidad: darse cuenta de que la conciencia

Conferencia III

individual debe aprehender el mundo. Así lo hará, pero puede aprehender la sabiduría del mundo o bien los instintos ciegos. Si aprehende los instintos ciegos, se generará una condición completamente antisocial, como la que ahora se está preparando en Rusia. Eso, queridos amigos, ha de suscitar gradualmente una condición antisocial ante la cual el gobierno inglés y el norteamericano, por no mencionar al francés o cualquier otro, estarán absolutamente indefensos. Sería ingenuo creer que el Parlamento inglés podrá resolver lo que entonces se apoderará de la humanidad si la conciencia individual funciona meramente por instinto. Pero existe un poder que estará listo para manejar la situación, y ese es el poder de Roma. Sólo es cuestión de cómo lo hará. Roma puede establecer un dominio; tiene los medios necesarios para hacerlo. Así pues, la verdadera cuestión no es si ha de ganar/si se ha de imponer el bolchevismo o la burguesía anglosajona; la cuestión es si habrá caos antisocial, dominación de Roma, o la determinación de la humanidad de henchirse de ese espíritu que, en el Concilio de Constantinopla del año 869, la Iglesia occidental declaró que era herético reconocer.

No existe otra alternativa que no sea que la humanidad se decida a no seguir viviendo de la manera que es natural cuando sólo hay pensamientos materialistas sobre el mundo. ¿Cómo vive la humanidad en un mundo materialista? La gente se gana la vida de acuerdo con las fluctuaciones del mercado; no existe otra medida para el orden social. Aparte de eso pueden quizás tener una filosofía de vida, como una suerte de lujo, pero sólo como un lujo. Aquellos que supuestamente son aún más profundos dicen que uno se debe elevar al mundo espiritual y dejar atrás el malvado mundo material; ¡no tiene que entender nada sobre el mundo material, sino convertirse en místico y vivir en el mundo superior! Pero incluso estas naturalezas profundas tienen hijos, al igual que las menos profundas, y tienen la idea de que esos hijos deben "ganarse la vida," de que estaría muy, muy mal que no se los enviara a escuelas donde se los instruya en los métodos actuales de ganarse la vida. De ese modo ya han aceptado el estado de cosas prevalente; de ese modo le traspasan el materialismo a la próxima generación.

Ahora bien, cuando alguien habla de esta manera se vuelve una persona inconveniente, y lo mejor es simplemente vilipendiarlo, pues, para la mayoría de las personas, oír lo que he estado diciendo es como ser picado por alimañas. A las personas no les gusta ser agredidas de esta manera por alimañas psíquicas y por eso se cubren con una piel gruesa que las hace impermeables a lo que la ciencia espiritual tiene para decir sobre nuestra cultura actual. Es de este lado, entonces, donde se encuentra la ingenuidad. Y cuando la Iglesia Católica vio que la gente se estaba volviendo tan parcial, tuvo la precaución de tener gente especialmente entrenada, y en esto fue realmente guiada de manera indirecta por impulsos espirituales. La fundación de la Orden Jesuita por Ignacio de Loyola como resultado de influencias fundamentales del mundo espiritual es uno de

Conferencia III

los sucesos más importantes de la metahistoria, y en él nos encontramos con una poderosa eficacia espiritual.

Ahora bien, queridos amigos, entre nosotros debemos, por supuesto, poder hablar francamente; de ahí que me haya sentido obligado a hablar de la espléndida, aunque cuestionable formación de los jesuitas. También me referí a este tema en el ciclo de conferencias "De Jesús a Cristo," que algún miembro desatinado ha puesto ahora en manos de un difamador e inventor de disparates. Como ustedes saben, en el ciclo de Karlsruhe analicé la base fundamental de la formación jesuita. ¿Qué sentido tiene, si se me permite la pregunta, advertir en cada ciclo de conferencias que los manuscritos impresos de las mismas son sólo para los miembros, cuando los difamadores los tienen a su disposición y pueden usarlos para pergeñar todo tipo de mentiras? Este incidente corrobora de manera extraordinaria lo que ya he dicho a menudo, que llegaría el momento en que ya no se podría contar con que estos ciclos de conferencias quedaran restringidos a un círculo pequeño, pues la humanidad no está capacitada en la actualidad para que se le confíe nada. Por supuesto todo lo que se ha escrito de ese lado es basura y falsedad, pero se basa no sobre mis escritos públicos sino sobre ciclos privados que han sido divulgados, y tengo buenas razones para creer que uno de los primeros ciclos entregados al clero católico fue precisamente ese ciclo de Karlsruhe sobre los jesuitas. Pues ellos por su parte son reacios a revelar la verdad sobre la formación de los jesuitas. El mundo no debe enterarse de cómo se forma a los jesuitas; el mundo no debe saber nada sobre su poderosa disciplina.

La humanidad actual en su simplicidad está simplemente retardando su propia conciencia. En cuanto al tema de los jesuitas, no hay absolutamente ninguna noción verdadera. Hay numerosos miembros de esa Orden con una capacidad espiritual tal que si estuvieran distribuidos por el mundo y no ocuparan su tiempo como lo hacen, sino que estuvieran trabajando en la ciencia, la pintura o la poesía, serían honrados como individuos geniales, serían reconocidos como grandes mentes de la humanidad. Dentro de la Orden Jesuita hay innumerables hombres que serían grandes luminarias si fueran a aparecer como individuos y se ocuparan de algo diferente — por ejemplo, de la ciencia materialista. Pero estos hombres suprimen sus propios nombres; se sumergen en su Orden, y una de las condiciones de su fortaleza es que el mundo no sepa nada sobre la manera en que tantas cabezas, de sotana y gorro negros, han sido formadas.

Todo esto tiene como propósito mostrarles cuán fundamentalmente diferente es la forma de la conciencia en las diferentes categorías de seres humanos. Pero nuestros simplones modernos, que se consideran iluminados, no se toman estas cosas en serio. Eso hay que recalcarlo una y otra vez, y eso, queridos amigos, es de lo que quería hablarles hoy.

Ahora bien, durante las próximas dos semanas, mientras estoy de viaje, no podemos tener más conferencias aquí.

Conferencia III

Como conclusión de lo que he dicho, parte en público y parte en estas conferencias privadas, tuve que agregar todo lo que dije hoy aquí para que ustedes no pasen por alto la seriedad de este uso indebido de nuestros ciclos de conferencia por parte de nuestros propios miembros. *

Por supuesto, cuando tuvieron lugar los ciclos, pensé que estaba tratando con personas que respetarían el compromiso que en cierto sentido se les había impuesto. Pero estaba equivocado, y, por la basura que aparece en los artículos hoy, resulta evidente quién tiene todos los ciclos a su disposición.

* Todas las conferencias de Rudolf Steiner ya han sido publicadas y se encuentran en el dominio público. [Ed.]

On-line Activities

What is Anthroposophy?

Rudolf Steiner described Anthroposophy as a path of knowledge to guide the spiritual in the human being to the spiritual in the cosmos. It manifests as a necessity of the heart and feeling. It is for those who feel that certain questions about the nature of man and the world are basic necessities of life, like hunger and thirst. He was a clairvoyant who spoke from his direct cognition of the spiritual world. However, he did not see his work as a religion or as sectarian, but rather sought to found a universal 'science of the spirit.' A fundamental aspect of Anthroposophy is the recognition of a real spiritual world in addition to the visible physical one.

All of Rudolf Steiner's books and thousands of lectures which have been translated into English are available free of charge at the Rudolf Steiner e.Lib.

Visit the Rudolf Steiner e.Lib,

https://RudolfSteinereLib.org/.

About the Lecturer
Rudolf Steiner

During the last two decades of the nineteenth century the Austrian-born Rudolf Steiner (1861-1925) became a respected and well-published scientific, literary, and philosophical scholar, particularly known for his work on Goethe's scientific writings. After the turn of the century, he began to develop his earlier philosophical principles into an approach to methodical research of psychological and spiritual phenomena. His multi-faceted genius has led to innovative and holistic approaches in medicine, science, education (Waldorf schools), special education, philosophy, religion, economics, agriculture, (Bio-Dynamic method), architecture, drama, the new art of eurythmy, and other fields. In 1924 he founded the General Anthroposophical Society, which today has branches throughout the world.

La Iglesia Católica Romana

About the Translator
María Teresa Gutiérrez

María Teresa Gutiérrez is a graduate teacher of English from Argentina. Her acquaintance with English started in kindergarten and went on throughout primary and secondary school before attending teacher training college, where she did advanced courses in English grammar, linguistics, and English and American literature. She also took postgraduate courses in translation and English for Specific Purposes. Shortly after graduating, she spent three years in England, where she had the opportunity to interact with native speakers both socially and at work, absorb English culture, and to attend an international IATEFL conference in Oxford. Back in Argentina, she taught English at primary, secondary and tertiary levels — including 8 years at a Waldorf School in the province of Córdoba. She also did freelance translation work for civil and business organizations, as well as for independent authors. In the area of Anthroposophy, she has translated lectures and other texts for use by her colleagues at the Waldorf School in Córdoba, as well as the book *Educating the Will* by Michael Howard, published in Spanish by Editorial Antroposófica, Buenos Aires.

La Iglesia Católica Romana

www.ingramcontent.com/pod-product-compliance
Lightning Source LLC
Chambersburg PA
CBHW070108080526
44586CB00013B/1234